Silke Hubrig

Die Kita-Spielesammlung für draußen

Einfache Aktionen für das Außengelände

Verlag an der Ruhr

Impressum

Titel
Die Kita-Spielesammlung für draußen
Einfache Aktionen für das Außengelände

Autorin
Silke Hubrig

Umschlagfotos
Vorderseite: © conrado; Rückseite v. l. n. r.: © S.Borisov, © Rus S, © JGA, © Rob Hainer – alle Shutterstock.com

Fotos Innenteil
S. 9: © conrado, S. 15: © S.Borisov, S. 39: © Rus S, S. 49: © JGA, S. 71: © Rob Hainer – alle Shutterstock.com

Lektorat
Daniela Brunner

Satz und Layout
krauß-verlagsservice, Ederheim/Hürnheim

Druck
Heenemann GmbH & Co. KG, Berlin, DE

Verlag an der Ruhr
Mülheim an der Ruhr
www.verlagruhr.de

Geeignet für Kinder von 3–6 Jahren

ISBN 978-3-8346-4367-4

Vorwort

Das Außengelände der Kita ist ein wertvoller Spielort für Kinder. Sie erleben das Wetter, machen Naturerfahrungen, haben viel Bewegungsfreiheit und können sich auch einmal der Kontrolle der Erwachsenen entziehen. Allzuoft wird das Außengelände allerdings als nur ein Ort genutzt, auf dem die Kinder sich „ausrennen" und „Dampf ablassen" können. Pädagogische Fachkräfte nutzen die Zeit zum „Verschnaufen", Beobachten oder zum Austausch mit Kolleginnen und Kollegen. Eher selten finden draußen gezielte Angebote für die Kinder statt und wenn, dann bei gutem Wetter. Die Definition von gutem Wetter geben dabei die Erwachsenen vor. Kinder spielen aber auch gerne bei sogenanntem schlechten Wetter draußen. Sie finden es spannend, wenn sie mit Rückenwind über das Gelände rennen oder sie es wagen, über oder in die größte Pfütze zu springen.

Letztendlich kann das Außengelände hervorragend als Bewegungs- und Toberaum, Forscher*innen-, Bau-, Gestaltungs- sowie Entspannungsraum genutzt werden. Selbst wenn kein Spielmaterial bereitgestellt ist, so ist genug Material zum Spielen vor Ort. Je nach Wetter und Jahreszeit finden die Kinder Sand, Gras, Unkraut, Blätter, Steine, Stöcke, Tannenzapfen oder Kastanien u. a., die kreativ genutzt werden können und zum Spielen und Experimentieren anregen.

In diesem Buch finden Sie viele Ideen für Spielangebote, die Sie den Kindern auf dem Außengelände anbieten können.

Auch wenn es stürmt, regnet oder schneit … – Es gilt die Binsenweisheit: „Es gibt kein schlechtes Wetter, sondern nur schlechte Kleidung!" Also rein in die Regenhose, Regenjacke und Gummistiefel und viel Freude beim Ausprobieren!

Silke Hubrig

Spiele draußen – Grundlagen

Das Außengelände – ein Schatz an Erfahrungen und Möglichkeiten

Das Außengelände der Kita ist ein wertvoller Spielort für Kinder. Es bietet den Kindern Spielhandlungen und Bewegungsräume sowie Sinnes- und Körpererfahrungen, die sie im Gebäude nicht haben. **So erleben die Kinder beispielsweise das sich stets wechselnde Wetter.** Das Zusammenspiel von Sonne, Regen, Wind und Temperatur nehmen die Kinder mit allen Sinnen wahr.

Die Definition von „gutem Wetter" geben in der Regel die Erwachsenen vor. Kinder erleben und spielen aber auch gerne bei sogenanntem schlechten Wetter. Sie machen lustvolle Sinnes- und Körpererfahrungen, wenn sie mit viel Rückenwind über den Platz rennen, über Pfützen springen oder Schlammsuppe im Eimer zubereiten. Das Wetter und seine physikalischen Phänomene werden gerne in das Spiel mit einbezogen, wie z. B. Wind, Regen, Sonne und Schatten. Je nach Jahreszeit und Wetterlage finden die Kinder unterschiedliche Naturmaterialien zum Spielen. Im Herbst lassen sich z. B. Blätter, Kastanien und Eicheln verwenden, während die Kinder im Winter mit gefrorenem Wasser hantieren können. Im Sommer können sie mit Grünpflanzen und Gras spielen – und unabhängig von der Jahreszeit mit Stöcken, Sand oder Steinchen.

Auf dem Außengelände machen die Kinder tagtäglich Naturerfahrungen mit jahreszeitentypischen Dingen. Sie haben die Gelegenheit, den Sommer, Frühling, Herbst und Winter mit allen Sinnen zu erforschen. Auf dem Außengelände haben die Kinder oft unbeobachtete und nahezu unbegrenzte Zeit, sich interessante Naturphänomene anzueignen. In der Regel ist draußen Zeit zum ungelenkten Freispiel. So lassen sich Kinder beobachten, die sich mit Leib und Seele dem Spiel mit Sand hingeben, Steine gegeneinander reiben, um Feuer zu machen, Stöckchen in Pfützen werfen, um zu sehen, welche Bewegungen dies auf dem Wasser mit sich bringt usw.

Der Außenbereich der Kita bietet den Kindern mehr **Bewegungsfreiheit** als das Spielen im Gebäude. Sie können rennen, hüpfen und springen, ohne dass sich jemand gestört fühlt – und auch lautes Schreien ist kein Problem. Die Kinder haben die Gelegenheit, sich auch mit Fahrzeugen zu bewegen, an Turngeräten zu klettern, zu schaukeln und zu rutschen. Selbst wenn kein Spielmaterial bereitgestellt ist, so ist genug Material zum Spielen vor Ort. Durch die Weitläufigkeit und die Nischen, die ein Außenbereich bietet, haben die Kinder die Gelegenheit, sich auch einmal der Kontrolle bzw. der permanenten Beobachtung der Erwachsenen zu entziehen.

Das Freispiel auf dem Außengelände

Das Freispiel ist für die kindliche Entwicklung sehr bedeutsam. Nicht nur in den Räumen der Kita, sondern auch auf dem Außengelände sollten Kinder ausreichend Zeit haben, selbstbestimmt gemäß ihren momentanen Bedürfnissen und Interessen ihre Spielaktivitäten zu wählen und Spielideen umzusetzen. Der Spielverlauf, die Spielpartner*innen, Spielorte und Spielmaterialien sollten die Kinder frei wählen können.

Um den Kindern ein abwechslungsreiches selbstbestimmtes Freispiel auf dem Außengelände zu ermöglichen, sind pädagogische Fachkräfte aufgefordert, den Außenbereich anregungsreich zu gestalten und entsprechende Materialien zur Verfügung zu stellen. Die Kinder bekommen in einer solchen Umgebung Spielimpulse, die sie zum Handeln und fantasievollen und kreativen Spiel auffordern. Dazu müssen Spielgeräte selbstständig erreichbar und benutzbar sein. Die Kinder sollten im freien Spiel also auf die Hilfe eines Erwachsenen verzichten können.

Neben den Materialien, die die Kinder sowieso auf dem Außengelände vorfinden, wie z. B. Steine, Sand oder Blätter, sollten ihnen auch weitere **Spielmaterialien zur Verfügung** stehen. Es bietet sich an, den Kindern folgende Dinge anzubieten.

Zum Erforschen der Umwelt beispielsweise:
→ Ferngläser, Becherlupen, Lupen
→ Maßbänder, Waagen

Zur Gartenarbeit beispielsweise:
→ Baustellenbagger
→ Schneeschaufel, Schaufeln
→ Laubrechen, Besen, Handfeger und Kehrblech, Eimer
→ Schubkarre

Zum Spielen im Sand beispielsweise:
→ Küchenutensilien (z. B. verschiedene Löffel, Kellen, Teller, Töpfe, Pfanne …)
→ Schaufeln, Eimer, Förmchen
→ Kleine Baustellenfahrzeuge, wie Kipplaster, Bagger oder Radlader
→ Behälter für Wasser, Gießkannen

Für Bewegungsimpulse und Rollenspiele beispielsweise:
→ Gummibänder, Schwungbänder
→ Seile, Bälle, Pylonen
→ Dreiräder, Anhänger für Dreiräder, Roller, Laufräder

Die Kinder sollten Verantwortungsgefühl für ihre Materialien entwickeln. Wer Spielmaterialien zum Spielen mit auf das Außengelände nimmt, hat dafür zu sorgen, dass es nach dem Benutzen wieder unversehrt und sauber an Ort und Stelle zurückkommt. Beherzigen die Kinder diese Regel, so sollte es ihnen auch gestattet sein, Spielmaterialien aus den Gruppenräumen mit nach draußen zu nehmen, wie etwa Spieltiere, Wolle, Bilderbücher, Decken, Kissen oder Puppengeschirr.

Die **Materialien sollten so gelagert werden**, dass die Kinder sie selbstständig finden, holen und zurückbringen können. Es bietet sich an, Materialien in einem abschließbaren Schuppen zu deponieren. In diesem sollten die einzelnen Spielgeräte sortiert in Kisten gelagert werden. Die Kisten sollten mit einem Bild oder Foto gekennzeichnet werden, damit die Kinder sofort sehen, was sich in dem jeweiligen Behältnis befindet. Zu allen Materialien sollten die Kinder selbstständig Zugang haben. Zum Transport der Materialien sollten den Kindern Baumwolltaschen und Körbe zur Verfügung stehen. Größere Mengen an Material könnten auch mit Dreiradanhängern oder Schubkarren transportiert werden.

Die pädagogischen Fachkräfte sollten die Spielmaterialien für den Außenbereich in regelmäßigen Abständen hinsichtlich folgender Fragen überprüfen.
→ Sind die Materialien unversehrt und sauber?
→ Sollen die Materialien ausgetauscht werden?
→ Äußern die Kinder Interessen, die andere Materialien nötig machen (z. B. Seile zum Pferdespielen)?

Auf die feste **Gestaltung des Außenbereiches** haben die pädagogischen Fachkräfte in der Regel nur wenig Einfluss. Bei Erneuerungen sollten sie darauf achten, dass den Kindern viele Bewegungsmöglichkeiten durch die entsprechende Gestaltung ermöglicht werden. So werden auch vielfältige Impulse für Rollenspiele gegeben. Sinnvoll sind beispielsweise:
→ Hügel oder Schrägen zum Hinauf- und Hinabrollen
→ Kletterwände
→ Möglichkeiten, von etwas aus unterschiedlichen Höhen zu springen
→ Möglichkeiten zum Balancieren mit unterschiedlichen Breiten (z. B. Balken, Mauern ...)
→ Möglichkeiten zum Schaukeln
→ Möglichkeiten zur Ruhe und zum Rückzug
→ Bäume, Blumen, Rasen, um die Natur zu entdecken
→ unterschiedliche Spieluntergründe, wie Stein-, Sand- und Rasenflächen

Ein von Fachkräften und ggf. von Eltern selbst gestalteter Außenbereich muss vom TÜV abgenommen werden. Per Gesetz (§ 22 SGB VII) muss jede Kita (wenn die Zahl des Personals und der Kinder zusammen mehr als 20 beträgt) einen Sicherheitsbeauftragten oder eine Sicherheitsbeauftragte haben. Jede Mitarbeiterin und jeder Mitarbeiter kann sich für diese Funktion melden. Ihre Aufgaben bestehen u. a. darin, die Kita und das Außengelände wöchentlich auf Unfallgefahren oder Gesundheitsrisiken anzuschauen und Mängel der Einrichtungsleitung zu melden. Dieses kann beispielsweise ein morscher Balken am Klettergerüst sein, der ersetzt werden muss. Für Mitarbeiter*innen, die die Funktion übernehmen, werden regelmäßige Fortbildungen angeboten. Hier lernen sie, die Blicke für Gefahrenstellen zu schärfen.

Bei der eigenen Gestaltung des Außengeländes gibt es eine Menge an Verordnungen und Empfehlungen zur Unfallverhütung zu beachten. Diese finden sich im Internet unter den Stichwörtern: Sichere Kita/Außengelände/ UK NRW.

Zudem sollte beachtet werden, dass zum ausgelassenen Spielen auf dem Außengelände bei „Wind und Wetter" eine entsprechend robuste und wetterfeste Kleidung für jedes Kind dazugehört. So sollten alle Kinder in der Kita eigene Regenjacken, Regenhosen und Gummistiefel haben. Im Sommer darf ein Sonnenschutz für den Kopf, wie eine Kappe oder ein fest sitzender Hut nicht fehlen. Im Herbst und Frühling bewährt sich oft die „Zwiebelmethode": Die Kinder tragen beispielsweise eine Baumwolljacke und eine regendichte Jacke, so dass sie, wenn ihnen warm wird, eine Jacke ausziehen können. Außerdem ist gut passendes Schuhwerk wichtig. Die Schuhe müssen fest sitzen und die richtige Größe haben. Es macht wenig Spaß, wenn die Gummistiefel z. B. beim Schaukeln von den Füßen rutschen oder am Fuß drücken.

Angeleitete Spiele auf dem Außengelände

Neben dem Freispiel kann das Außengelände hervorragend für angeleitete, geplante Spiele genutzt werden. Insbesondere Bewegungsspiele machen draußen noch mehr Freude als im begrenzten Raum. Zudem können die Kinder kreativ werden und sich mit zunehmendem Alter selbst Gruppenspiele ausdenken, die sie selbstständig durchführen oder auch – sofern möglich – zu Hause im Garten oder auf der Straße spielen können.

Spielideen mit Materialien, die auf dem Außengelände zu finden sind

Fang den Stein! – Geschicklichkeitsspiel

Das brauchen Sie: mindestens 2 Steinchen

So geht es:

Alle Kinder sitzen, hocken oder knien auf einem sandigen Untergrund im Kreis. Ein Kind beginnt und wirft die Steine auf den Boden. Es nimmt einen Stein und wirft ihn in die Luft. Mit der Wurfhand hebt es schnell einen weiteren Stein auf (solange der andere noch in der Luft ist) und fängt dann den ersten geworfenen wieder auf. Hat es geklappt, ist das nächste Kind an der Reihe, es zu probieren.

Variation:

Wenn der erste Stein in der Luft ist, wird der Stein mit der Hand berührt und der andere Stein wieder aufgefangen.

Zwillinge sammeln

Das brauchen Sie: Steine

So geht es:

Die pädagogische Fachkraft gibt jedem Kind einen Stein. Nun hat jedes Kind die Aufgabe, einen weiteren Stein auf dem Außengelände zu finden, der möglichst genauso aussieht. Bei genauem Hinsehen werden die Kinder rasch merken, dass die Natur einzigartige Dinge hervorbringt. Kein Stein sieht ganz genauso aus wie ein anderer.

Muster legen

Das brauchen Sie: viele Steine auf dem Außengelände, Eimer oder Taschen

Vorbereitung: Die pädagogische Fachkraft sucht ein freies, etwas Abseits liegendes Stück auf Steinplatten oder im glatt gestrichenen Sand.

So geht es:

Jedes Kind bekommt einen Eimer und sammelt darin Steine auf dem Außengelände. Anschließend treffen sich alle und versammeln sich im großen Kreis. Die Kinder legen gemeinsam Stein für Stein auf den Boden, so dass ein gemeinsames Muster entsteht.

Elektrischer Stein

Das brauchen Sie: circa 10 Steine

So geht es:

Die Kinder sitzen im Kreis. Die Steine liegen in der Mitte ausgebreitet. Ein Kind dreht sich um und schließt die Augen. Ohne zu sprechen zeigt die pädagogische Fachkraft auf einen Stein. Das ist der elektrische Stein. Das Kind dreht sich wieder um und öffnet die Augen. Es darf nun Steine einsammeln. Nach und nach hebt es einen Stein auf. Berührt es allerdings den elektrischen Stein, rufen alle Kinder laut „Alarm! Alarm!" und die Spielrunde ist vorbei. Die pädagogische Fachkraft schreibt auf, wie viele Steine das Kind eingesammelt hat, bevor der Alarm losging. Die Steine werden zurückgelegt und eine neue Spielrunde beginnt. Wenn alle Kinder, die möchten, dran waren, ist das Spiel vorbei. Die pädagogische Fachkraft kann ermitteln, welches Kind die meisten Steine gesammelt hat oder auch, wie viele Steine alle Kinder zusammen gesammelt haben!

Steintürme bauen

Das brauchen Sie: möglichst flache Steine auf dem Außengelände, Körbe zum Transportieren

So geht es:

Die Kinder bekommen Körbe und sammeln auf dem Außengelände Steine darin. Anschließend bauen sie aus den Steinen einen möglichst hohen Turm. Eine große Gruppe sollte in mehrere Kleingruppen eingeteilt werden. Die Kinder türmen die Steine gemeinsam auf.

→ Wie müssen die Steine gestapelt werden?
→ Welche Steine sollten am besten unten liegen?
→ Welche Steine können oben liegen?

Wir gestalten ein kleines Dorf

Das brauchen Sie: kleine und große Steine, Filzstifte

So geht es:

Die Kinder suchen sich passende Steine und malen ihnen mit Filzstift ein Gesicht auf. So können sie ohne großen Aufwand beispielsweise eine Steinfamilie herstellen. Die Kinder suchen sich weitere Naturmaterialien auf dem Außengelände und bauen damit kleine Wohnungen, Höhlen, Häuser, Schwimmbäder, Kindergärten usw. für ihre Steinmenschen. Die Kinder können Rollenspiele durchführen und je nach Spielidee die Kulissen immer wieder verändern.

Variation:

Es kann ein Theaterstück eingeübt werden. Eine andere Gruppe kann nach einigen Proben als Publikum eingeladen werden.

Schätze verstecken

Das brauchen Sie: einige besonders große Steine, Acrylfarbe

So geht es:

Drei Kinder bekommen je einen bunten Stein. Sie dürfen diese Steine auf einem vorher abgesteckten Bereich auf dem Außengelände verstecken. Die Regel ist, dass jeder Stein dabei ein bisschen zu sehen sein muss. Das heißt, es gilt nicht, ihn ganz unten in einem Laubhaufen oder in der Sandkiste zu vergraben. Während die Kinder die Steine verstecken, müssen sich alle anderen Kinder auf einem anderen Teil des Geländes aufhalten und dürfen nicht zu den versteckenden Kindern schauen. Ist das Gelände dafür nicht geeignet, sollen die Kinder sich kurz auf den Boden setzen und die Augen zuhalten. Sind die Steine versteckt, dürfen alle Kinder auf ein Startzeichen hin mit der Schatzsuche beginnen. Alle Steine werden gemeinsam gefunden und zurück zur pädagogischen Fachkraft gebracht.

Boccia

Das brauchen Sie: große Steine, Acrylfarbe, Seil

Vorbereitung: Ein Stein wird mit Acrylfarbe bemalt. Mit einem Seil wird eine Startlinie markiert.

So geht es:

Jedes mitspielende Kind bekommt einen Stein und stellt sich hinter der Startlinie auf. Ein Kind wirft den markierten Stein hinter die Startlinie. Nun werfen alle anderen Kinder nacheinander ihre Steine:

→ Welcher Stein ist besonders nah am markierten Stein?
→ Berührt ein Stein den markierten Stein sogar?

Modische Steinschuhe

Das brauchen Sie: große, eher flache Steine

So geht es:

Die Kinder legen sich einen Stein auf den Schuh. Wenn es das Wetter zulässt, kann der Stein auch auf barfuß auf den Fußrücken gelegt werden. So haben die Kinder ein besseres Körpergefühl bei diesem Spiel. Sie haben die Aufgabe, mit dem Stein auf dem Schuh bzw. Fuß herumzulaufen, ohne dass er auf den Boden rutscht. Ideen der Kinder werden aufgegriffen und gemeinsam ausprobiert.

→ Was für Bewegungen sind möglich?
→ Kann ich so auch rutschen oder vorsichtig schaukeln?
→ Wie schnell kann ich gehen?

Variation:

Es werden auf beide Füße Steine gelegt. Welche Bewegungen sind jetzt möglich?

Ich kenne meine Schafe

Das brauchen Sie: 10 Steine für 2 Kinder

So geht es:

Zwei Kinder spielen gemeinsam. Sie setzen sich gegenüber auf den Boden. Jedes Kind bekommt fünf Steine und legt sie vor sich. Die Kinder sind Hirten und die Steine sind die Schafe. Kind 1 fragt Kind 2: „Kennst du deine Schafherde?" Kind 2 antwortet: „Na klar!" Es dreht den Kopf zur Seite. Kind 1 nimmt einen Stein vom Haufen des anderen Kindes und legt ihn zu seinem. Nun darf Kind 2 wieder gucken und raten, welches seiner Schafe sich gerade in die andere Herde verirrt hat. Entdeckt es seinen Stein in der Steingruppe des anderen Kindes? Hat es seinen Stein erkannt, bekommt es ihn zurück. Hat es falsch geraten, wird der Stein zur Seite gelegt. Das Spiel ist vorbei, wenn ein Hirte keine Schafe mehr hat.

Der Zauberstein flüstert …

Das brauchen Sie: Stein

So geht es:

Die Kinder versammeln sich im Kreis. In der Mitte liegt ein Stein. Das ist der Zauberstein. Der Zauberstein hat eine besondere Fähigkeit: Der Mensch, der ihn aufnimmt und ans Ohr hält, hört, in was alle Kinder verzaubert werden. Wenn alle Kinder mitmachen, klappt das tatsächlich! Die pädagogische Fachkraft beginnt. Sie geht zum Stein, nimmt ihn und hält ihn an das Ohr. „Aha!", erklärt sie. „Der Zauberstein sagt, alle Kinder werden jetzt zu Pferden!" Die Kinder bewegen sich als Pferd auf dem Gelände, bis die pädagogische Fachkraft sie wieder zusammenruft. Welches Kind lauscht jetzt am Stein? Die pädagogische Fachkraft bestimmt ein Kind, das den Stein ans Ohr halten darf und flüstert ihm die Bewegungsaufgabe zu. Nach diesem Prinzip geht das Spiel weiter.

Beispiele:

→ Alle Kinder sollen Enten sein.
→ Alle Kinder sollen Adler sein.
→ Alle Kinder sollen Mäuse sein.
→ Alle Kinder sollen Drachen im Wind sein.
→ Alle Kinder sollen Tische sein.
→ Alle Kinder sollen Tiger sein.

Variation:

Das jeweilige Kind, das den Stein erhält, denkt sich selber aus, in was die anderen Kinder verzaubert werden sollen.

Blättertransport

Das brauchen Sie: Laub, Schubkarren, Eimer, Besen, große Schaufeln

So geht es:

Die Kinder fegen Herbstblätter zusammen. Sie benutzen dafür Schubkarren und Eimer, beladen diese mit Blättern und transportieren sie über das Außengelände zu einem großen Haufen.

Mit diesem Haufen können tolle Sachen angestellt werden. Zwischen den einzelnen Bewegungsaufgaben sollen die Kinder den Haufen mit Besen wieder zusammenfegen.

→ Alle Kinder springen mit Anlauf in den Laubhaufen.
→ Alle Kinder laufen durch den Laubhaufen.
→ Alle Kinder schlurfen durch den Laubhaufen und wirbeln so mit den Füßen die Blätter auf.
→ Alle Kinder rennen durch den Laubhaufen.
→ Alle Kinder krabbeln durch den Laubhaufen.
→ Die Kinder werfen das Laub in die Höhe und lassen es auf sich herabrieseln.

Blätterstaubsauger

Das brauchen Sie: Laub, Strohhalme, Eimer

So geht es:

Jedes Kind bekommt einen Strohhalm. Dies ist der Blätterstaubsauger. Das Kind geht zu einem Blatt und legt den Strohhalm mit der Öffnung nach unten darauf. Nun saugt es Luft ein, so dass das Blatt am Strohhalm kleben bleibt. Nun kann das Blatt zu einem anderen Ort getragen und z. B. in einen Eimer getan werden.

Wo hat das Eichhörnchen die Nuss versteckt?

Das brauchen Sie: Laub, Walnüsse

Vorbereitung: Es werden ein paar Walnüsse in einem Laubhaufen versteckt.

So geht es:

Die pädagogische Fachkraft erklärt, dass Eichhörnchen im Herbst einen Futtervorrat für den Winter vergraben. Dann haben sie im Winter, wenn es draußen nichts zum Fressen gibt, etwas Leckeres zu knabbern. Manchmal vergessen sie allerdings, wo genau ihr Versteck mit den Leckereien war. Die Kinder werden aufgefordert, gemeinsam die vom Eichhörnchen versteckten Walnüsse im Laubhaufen zu suchen. Sind alle Nüsse gefunden, kann das Spiel von vorne beginnen.

Variation:

Die Nüsse werden auf einem größeren abgesteckten Gebiet im Laub versteckt. Die Kinder flitzen wie Eichhörnchen herum und suchen die Nüsse.

Blätter unter die Lupe nehmen

Das brauchen Sie: buntes Herbstlaub, Lupen

So geht es:

Jedes Kind bekommt eine Lupe. Die pädagogische Fachkraft fordert die Kinder dazu auf, sich ein besonders schönes Blatt zu suchen und dieses mit der Lupe genau zu betrachten.

→ Wie sieht so ein Herbstblatt genau aus?
→ Welche Strukturen sind zu erkennen?
→ Welche Farben hat es?

Wir räumen den Garten auf

Das brauchen Sie: Laub, Kreide oder Seil zum Markieren einer Linie

Vorbereitung: Es werden zwei Herbstlaubhaufen gemacht. Zwischen den Haufen wird eine Linie gemalt oder ein Markierungsseil auf den Boden gelegt.

So geht es:

Die Kinder werden in zwei Teams eingeteilt. Jedes Team stellt sich vor einen Laubhaufen. Die pädagogische Fachkraft erklärt, dass jedes Team in seinem Garten steht. Aber wie sieht es denn im Garten aus? Hier liegt überall Laub auf dem Boden! Das soll weg. Aber wohin? Am besten werfen wir es über den Zaun (die Linie am Boden) zu den Nachbarinnen und Nachbarn in den Garten. Leider denkt das Team auf der anderen Seite dasselbe und hat die gleiche Idee. Auf ein Startzeichen hin werfen die Kinder das Laub über die Linie in das andere Spielfeld. Ansonsten wird das Spiel nach einer Minute beendet. Kein Kind darf mehr etwas werfen. Die Kinder entscheiden: In welchem Garten liegt weniger Laub?

Variation:

Das Laub wird in eine Wanne gelegt. Auf ein Zeichen hin wirft ein Team das Laub aus der Wanne und das andere Team wirft es wieder hinein. Ist die Wanne leer, ist das Spiel zu Ende. Nach einer Minute wird das Spiel beendet. Ist mehr Laub in der Wanne oder auf dem Boden?

Herbstliche Schaschlik-Spieße

Das brauchen Sie: lange Stöcke, Taschenmesser, Laub

So geht es:

Die pädagogische Fachkraft schnitzt gemeinsam mit jedem Kind an das Ende eines Stockes eine Spitze. Nun geht das Kind über das Außengelände und spießt nach und nach bunte Blätter auf. So entsteht ein herbstlicher Schaschlikspieß. Am Ende können die Spieße mit der Spitze nach unten in den Sand gesteckt werden – und ein Kunstwerk ist entstanden.

Körperteile verstecken

Das brauchen Sie: Laub

Vorbereitung: Eine große Fläche mit Laub bedecken.

So geht es:

Die Kinder gehen kreuz und quer durch das Laub. Die pädagogische Fachkraft ruft ein Körperteil, z. B.: „Bein!“ Nun müssen alle Kinder schnell ein Bein unter den Blättern verstecken. Haben es alle geschafft, ruft die Fachkraft: „Weiter!“ Die Kinder bewegen sich weiter durch das Laub. Nach diesem Prinzip werden nach und nach verschiedene Körperteile gerufen und die Kinder versuchen, diese unter dem Laub zu verstecken. Beispiele: Fuß! Bein! Knie! Popo! Bauch! Arm! Hand!

Igel im Herbst

Das brauchen Sie: Laub

Vorbereitung: Das Laub wird zu einem großen und breiten Haufen getürmt.

So geht es:

Die Kinder spielen Igel. Auf allen Vieren krabbeln sie durch den oder die Laubhaufen. Zwischendurch kugeln sie sich ein. Dann laufen sie weiter. Sie können sich auch ein wenig durch das Laub kugeln. Hauptsache, sie stoßen nicht mit den anderen Igelkindern zusammen.

Gegen den Wind

Das brauchen Sie: Herbstblätter

So geht es:

Jedes Kind sucht sich ein großes Blatt. Nun haben die Kinder die Aufgabe, dieses Blatt auf die Brust oder den Bauch zu halten, ohne die Hände dafür zu benutzen. Die Kinder rennen schnell über das Außengelände, so dass das Blatt an ihren Körper gedrückt wird und dort haften bleibt.

Variation:

Statt einem werden zwei Blätter bei einem Lauf an den Körper gedrückt.

Achtung! Platzwechsel!

Das brauchen Sie: Stöcke in der Anzahl der Kinder, Sandfläche

Vorbereitung: Die Stöcke werden in den Sand gesteckt, so dass sie aufrecht und fest stehen.

So geht es:

Bis auf ein Kind suchen sich alle anderen Kinder einen Stock aus und stellen sich daneben. Das Kind ohne Stock läuft zwischen den anderen Kindern herum. Irgendwann ruft es: „Achtung! Plätze wechseln!" Schnell probieren alle Kinder, einen Stock zu ergattern und stellen sich neben ihn. Wieder bleibt ein Kind ohne Stock. Eine neue Runde beginnt. Das Kind ohne Stock läuft herum und ruft irgendwann: „Achtung! Plätze wechseln!" und alle Kinder setzen sich wieder in Bewegung …

Mikado

Das brauchen Sie: lange, möglichst gerade Stöcke

So geht es:

Die Kinder stehen im Kreis. Die pädagogische Fachkraft befindet sich in der Mitte und hält mit beiden Händen alle Stöcke fest, so dass sie so eng beieinander wie möglich auf dem Boden stehen. Sie lässt los und alle Stöcke fallen zu Boden. Nun gelten die Spielregeln des klassischen Mikadospiels: Das erste Kind darf einen Stock nehmen, ohne dass ein anderer Stock dabei zu wackeln beginnt. Ist das geschafft, so ist es noch einmal dran. Hat sich ein anderer Stock dabei bewegt, ist das nächste Kind an der Reihe. Wer hat am Ende die meisten Stöcke?

Variation:

Ein bereits gewonnener Stock darf als Hilfsmittel eingesetzt werden.

Den Turm beschützen

Das brauchen Sie: Hocker, Stöcke, Softbälle

Vorbereitung: Die Stöcke werden auf einem Hocker zu einem Turm gestapelt. Um den Turm herum wird ein Seil gelegt mit circa zwei Metern Abstand zum Turm.

So geht es:

Zwei Kinder werden Turmwächter*innen. Sie positionieren sich vor dem Turm aus Stöcken. Die anderen Kinder verteilen sich rund um den Turm. Dabei dürfen sie nicht über das Seil treten. Sie bekommen Softbälle und auf das Kommando der pädagogischen Fachkraft hin versuchen sie, den Turm mit den Bällen zum Fallen zu bringen. Alle Bälle, die wieder außerhalb des Seiles landen, dürfen erneut benutzt werden. Die Turmwächter haben die Aufgabe, dies zu verhindern. Ist der Turm umgefallen, wird er wieder aufgebaut. Jeder Turmwächter und jede Turmwächterin sucht sich einen Nachfolger oder eine Nachfolgerin für diesen Posten und das Spiel beginnt von vorne.

Variation:

Je nach Größe der Gruppe und Wurfgeschicklichkeit der Kinder, sollte der Abstand zum Turm ggf. variiert werden. Auch die Anzahl der Turmwächter*innen kann weniger oder mehr werden.

Die alte Eisenbahn

Das brauchen Sie: Stöcke

So geht es:

Die Kinder bilden Zweier-Teams. Sie stellen sich hintereinander auf. Das vordere Kind hat in jeder Hand einen Stock und fasst diesen weit vorne an. Das hintere Kind fasst die gleichen Stöcke weit hinten an. Die Stöcke sind die Schubstangen. Nun ist die alte Eisenbahn fertig und die Kinder bewegen sich im gleichen Rhythmus – „tsch-tsch-tsch" rufend – vorwärts über das Außengelände. Dabei bewegen sie gemeinsam ihre Arme vor und zurück.

Welcher Stock fehlt?

Das brauchen Sie: kleine Stöcke auf dem Außengelände

So geht es:

Jedes Kind sucht sich einen besonders schönen Stock. Die Kinder setzen sich in den Kreis und schauen sich die Stöcke an. Bei genauerer Betrachtung ist jeder Stock anders gebogen oder hat eine andere Farbe. Fünf besonders unterschiedliche Stöcke werden in die Kreismitte gelegt. Die Kinder sollen sich genau einprägen, welche Stöcke dort liegen. Die Fachkraft bittet die Kinder, sich umzudrehen. Nun nimmt sie einen Stock weg. Die Kinder drehen sich wieder zur Kreismitte. Welcher Stock fehlt? Der Kurze? Der Lange? Der Gebogene oder der Gerade? Reihum dürfen die Kinder raten. Ist das Rätsel gelöst, beginnt das Spiel von vorne.

Variation:

Vor jeder neuen Spielrunde wird die Anordnung der Stöcke verändert. Dies erschwert, zu erkennen, welcher Stock am Ende fehlt.

Wo klappert es?

Das brauchen Sie: 2 Stöcke, Augenbinde für 2 Kinder

So geht es:

Ein Kind bekommt die Augen verbunden. Ein anderes Kind bekommt zwei Stöcke. Auf ein Startzeichen hin schlägt das Kind die Stöckchen gegeneinander. Das nicht sehende Kind hört, aus welcher Richtung das Geklapper kommt und versucht, das Kind, das die Stöcke in der Hand hat, zu ticken. Das Kind mit den Stöcken darf sich nur mit „Mäuseschritten" vorwärts bewegen.

Spuren legen

Das brauchen Sie: viele, kleine Stöcke

So geht es:

Die Kinder werden in zwei Gruppen aufgeteilt. Gruppe 2 geht ins Gebäude und wartet kurz. Gruppe 1 sucht sich viele Stöcke, geht über das Außengelände und legt mit den Stöcken eine Spur auf den Boden, z. B. in Form von Pfeilen. Anschließend verstecken diese Kinder sich (z. B. nah beieinander im Gebüsch oder sie klettern durch ein Fenster ins Gebäude). Sind die Kinder im Versteck, ruft die pädagogische Fachkraft Gruppe 2. Sie hat die Aufgabe, Gruppe 1 in ihrem Versteck aufzuspüren. Das schafft sie, wenn sie den Zeichen aus Stöcken am Boden folgt. Ist die Gruppe gefunden, findet ein Rollenwechsel statt.

Fähnchen im Wind

Das brauchen Sie: 2 bis 3 Meter lange Streifen Krepppapier, Schere, Gummibänder, lange Stöcke

Vorbereitung: Es werden 2 bis 3 Meter lange und circa 10 Zentimeter breite Streifen bunter Kreppbänder geschnitten. Am Ende eines Stocks werden mithilfe eines Gummibands 4 Bänder befestigt.

So geht es:

Jedes Kind sucht sich ein „Fähnchen“ aus und bewegt sich damit über das Außengelände. Die pädagogische Fachkraft gibt bei Bedarf Bewegungsaufgaben, wie z. B.:

→ Wie schnell muss ich laufen, damit die Bänder im Wind flattern?
→ Wie halte ich das Fähnchen am besten, damit die Bänder nicht den Boden berühren?
→ Durch welche Bewegungen kann ich die Bänder tanzen lassen?

Wir gehen mit dem Hund spazieren

Das brauchen Sie: verschiedene Bälle, lange Äste oder Stöcke

So geht es:

Jedes Kind darf sich einen Ball aussuchen. Dieser Ball ist sein Hund. Der Hund möchte gerne einmal über das Außengelände der Kita spazieren geführt werden. Dafür braucht jedes Kind eine Leine. Das ist ein langer Stock. Die Kinder haben nun die Aufgabe, ihre Hunde über das Gelände zu führen. Dafür stupsen sie ihn immer wieder mit dem Stock an, so dass er vorwärts rollt. Die Hunde sollten möglichst wohlerzogen sein und „bei Fuß" laufen. Dafür sollte der Ball stets Kontakt zum Stock behalten. Treffen sich zwei Hundebesitzer*innen können sie sich die Zeit nehmen, damit ihre Hunde sich begrüßen und „beschnuppern" können. Sie können sich ihre Hunde gegenseitig vorstellen. Wie heißt er? Wie alt ist er? Wo kommt er her? Aus dem Tierheim oder von einer Züchterin oder einem Züchter? Nach einem kurzen Plausch geht es weiter. Manchmal ist der Hund vielleicht auch nicht so wohlerzogen, wie er sollte, und beginnt schneller zu rennen. Dann heißt es, mitlaufen! Jedes Kind ist für seinen Hund selbst verantwortlich.

Variation:

Ein Parcours wird aufgebaut, durch den die Hundebesitzer*innen mit ihren Hunden gehen müssen. So müssen sie beispielsweise:

→ schnell über den Rasen laufen, ohne den Kontakt zum Hund zu verlieren.
→ ein Stück rückwärts mit dem Hund laufen.
→ um umgedrehte Eimer Slalom laufen.
→ den Hund die Rutsche hochtragen und gemeinsam mit ihm herunterrutschen.
→ den Hund springen lassen (den Ball mit der Hand prellen).

Wir spielen Minigolf

Das brauchen Sie: Tennisbälle, lange Stöcke, Schaufeln

So geht es:

Die Kinder gestalten gemeinsam mit der pädagogischen Fachkraft eine Minigolfbahn auf dem Außengelände. Zunächst erläutert die pädagogische Fachkraft das Prinzip des Minigolfspielens, in dem sie eine Mulde im Sand gräbt und zeigt, wie sie mithilfe eines Stocks den Ball in die Mulde rollt. Jedes Kind probiert es aus. Dabei darf der Abstand zur Mulde selbst gewählt werden. Die Hauptsache ist, dass jedes Kind am Ende ein Erfolgserlebnis hat.

Variation:

Es werden weitere Stationen mit unterschiedlichen Schwierigkeitsgraden gemacht.

Beispiele:

- → Einen kleinen Sandberg formen, die Spitze wird zur Mulde.
- → Die Rutsche wird zur Abwärtsbahn und unten ist eine Mulde im Sand.
- → Slalom um in den Boden gesteckte Äste oder umgedrehte Eimer herum. Am Ende ist eine Mulde im Boden.
- → Der Ball muss über Steinboden rollen und in einer Sandmulde landen.

Der Wachhund passt auf

Das brauchen Sie: Stock, Leine, Sandsäckchen o. ä.

So geht es:

Der Stock wird in den Boden gesteckt. Das eine Ende der Leine wird um den Stock gewickelt. Ein Kind wird als Hund ausgewählt. Ihm wird das andere Ende der Leine ans Handgelenk geknotet. Der Hund hockt sich nah an den Stock. Innerhalb des Radius der ausgestreckten Leine werden rund um den Stock Sandsäckchen verteilt. Alle Kinder verteilen sich mit Abstand um den Stock. Auf das Startzeichen der pädagogischen Fachkraft hin, versuchen sie, die Sandsäckchen zu greifen und an sich zu nehmen. Der Wachhund versucht dabei, die Kinder zu ticken. Wird jemand getickt, gibt es eine kurze Spielpause. Der Wachhund wird zum Kind und das getickte Kind wird zum Wachhund. Ist der neue Wachhund angeleint und bereit, wird das Spiel fortgesetzt. Sind keine Sandsäckchen mehr auf dem Boden, ist das Spiel vorbei.

Variation:

Ein geticktes Kind wird zum zusätzlichen Hund. Alle Kinder bleiben also im Spiel.

Wursttransport

Das brauchen Sie: pro Kind 3 Stöcke

So geht es:

Jedes Kind bekommt zwei Stöcke. Alle Kinder stellen sich mit einigem Abstand voneinander auf dem Außengelände auf. Nun geht es um die Wurst. Die pädagogische Fachkraft legt einem Kind einen weiteren Stock quer über beide Stöcke. Das ist die Wurst. Sie ist so heiß, dass sie nicht mit den Händen berührt werden kann. Das Kind geht zu einem anderen Kind und übergibt die Wurst auf die Stöcke des anderen Kindes. Dann geht dieses Kind wiederum zu einem weiteren Kind und gibt die Wurst weiter. Wenn jedes Kind einmal die Wurst hatte, ist das Spiel vorbei.

Figuren suchen

Das brauchen Sie: kleine Spielfiguren (Tiere, Menschen), Sand

Vorbereitung: Auf einem abgegrenzten Sandstück werden die Figuren vergraben.

So geht es:

Die Kinder versammeln sich vor dem abgegrenzten Sandstück. Die pädagogische Fachkraft erzählt, dass verschiedene Spielfiguren im Sand vergraben sind und verrät die Anzahl. Die Kinder haben nun die Aufgabe, mit den Händen nach ihnen zu graben. Hat die Gruppe alle wieder hervorgeholt?

Variation:

Die Kinder graben mit verbundenen oder geschlossenen Augen und ertasten die Figuren.

Gold sieben

Das brauchen Sie: feinen Sand, Steinchen, Glitzerfarbe, Pinsel. Pinzette, Siebe, Schale

Vorbereitung: Die Steine werden mit goldener Acrylfarbe bemalt. Insbesondere bei kleinen Steinchen kann das Festhalten mit einer Pinzette hilfreich sein. Sind die Steine getrocknet, werden sie nah an der Oberfläche im Sand vergraben.

So geht es:

Jedes Kind bekommt ein Sieb. Es hat nun die Aufgabe, den Sand zu sieben, so dass die kleinen Schatzsteine sichtbar werden. Diese werden alle in einer Schale gesammelt. Was für ein schöner, gemeinsamer, funkelnder Schatz zum Vorschein kommt!

Figuren werfen

Das brauchen Sie: eine größere Sandfläche

So geht es:

Ein Kind steht in der Mitte. Die anderen Kinder stehen mit viel Abstand drum herum. Ein ausgewähltes Kind darf zusätzlich in die Mitte. Die beiden Kinder nehmen sich an die Hand, so als würden sie sich die Hand geben. Sie strecken die Arme aber weit aus. Das Kind in der Mitte beginnt nun mit viel Kraft, sich um sich selbst zu drehen. Das andere Kind dreht sich so lange mit, bis es stolpert und auf den Boden in den Sand fällt. Beim Landen nimmt es eine Pose ein. Was für eine Pose ist es? Ein Würstchen? Ein Delfin? Eine Brücke? Die anderen Kinder äußern ihre Ideen und Einfälle. Danach ist ein anderes Kind an der Reihe und lässt sich drehen. Welche Pose nimmt dieses Kind wohl gleich ein?

Bilder malen

Das brauchen Sie: Schaufel, Stäbe, Sand

So geht es:

Mit einer umgedrehten Schaufel streicht das Kind eine Sandfläche zu einer glatten Fläche. Das ist das „Papier". Nun kann es mit einem Finger oder auch einem Stab (als „Stift") Figuren oder Muster in den Sand malen.

Der Sandmann

Das brauchen Sie: Hose, Pullover, Socken, Schnürband, Sand

Vorbereitung: Die Ärmel des Pullovers, der Halsausschnitt und die Hosenbeine werden mit einem Band zugebunden.

So geht es:

Die Kinder füllen die Kleidungsstücke mit Sand. Mithilfe der pädagogischen Fachkraft werden Öffnungen der Kleidungsstücke zusammengebunden. Nun kann kein Sand mehr heraus. Die Kinder legen die Kleidungsstücke so zusammen, dass sie wie ein liegender Mensch aussehen. Bei vielen Kleidungsstücken kann eine ganze Familie oder eine Kinderbande gestaltet werden.

Variation:

Wenn der Sand ganz tief ist und es die Temperaturen zulassen, legt sich ein Kind auf den Rücken und wird so in den Sand eingegraben, dass nur noch Hals und Kopf herausschauen. Abschließend werden die Sandkleider darauf gelegt.

Unsere Murmelbahn

Das brauchen Sie: Sand, Sprühflasche mit Wasser, Schaufeln, Esslöffel, Murmeln

So geht es:

Die Kinder befeuchten den Sand mit Wasser und häufen mit den Händen oder auch mit Schaufeln einen Sandberg auf. Mit zwei Fingern formen sie kleine Bahnen bergabwärts. Zwischendurch sollten sie schon einmal testen, ob der Sanduntergrund und die Strecke so angelegt sind, dass eine Murmel hinunterrollen kann. Die Kinder können mit Esslöffeln einen Tunnel graben, durch den die Murmel rollen kann.

Sommerliche Sandmonster

Das brauchen Sie: Sand, Pflanzenspritzpistole mit Wasser, Duschgelegenheit

So geht es:

Die Sandmonster sind nur im Hochsommer unterwegs. Die Kinder ziehen sich aus. Mit einer Pflanzenspritzpistole bespritzen sie sich gegenseitig mit Wasser. Anschließend wälzen sie sich im Sand. Wenn sie nun wieder aufstehen, haben sie eine Sandschicht auf der Haut. Die fröhlichen Sandmonster wälzen sich immer wieder gerne im Sand. Anschließend müssen sie jedoch abgeduscht werden.

Spring in die Matschgrube!

Das brauchen Sie: Sand, Schaufeln, Eimer, Wasser

So geht es:

Die Matschgrube sollte nur bei hochsommerlichen Temperaturen geöffnet werden. Die Kinder schaufeln gemeinsam mit Schaufeln oder Händen eine breite Grube. Anschließend wird mit Eimern Wasser geholt und in die Grube gekippt. Nun kann das Matschspringen beginnen. Die Kinder ziehen sich aus. Nacheinander nehmen sie Anlauf und springen in die Matschgrube! Sie haben auch die Möglichkeit, hineinzusteigen und auf der Stelle zu laufen oder zu hüpfen. Oder wie wäre es, auf allen Vieren hineinzukrabbeln? Am Ende sollten die Kinder abgeduscht werden.

Sandtransport

Das brauchen Sie: Sand, viele Eimer oder Töpfe

So geht es:

Auf einer Seite des Außengeländes wird ein Eimer mit Sand aufgestellt. Dieser soll auf die andere Seite des Geländes gelangen – zur Baustelle. Leider sind alle Baustellenfahrzeuge kaputt und alle Kinder müssen eine Kette bilden, um den Sand zu transportieren. Dafür bekommt jedes Kind ein Gefäß. Die Kinder stellen sich mit ein wenig Abstand nebeneinander auf, so dass sie vom Sandeimer zur „Baustelle" eine Kette bilden. Das erste Kind beginnt und kippt den Sand in den Behälter des ersten Kindes. Dieses kippt den Sand weiter in den Behälter des zweiten Kindes usw. Kommt der ganze Sand auf der Baustelle an?

Spielideen mit fest installierten Spielgeräten

Durch das Tuch rutschen

Das brauchen Sie: Rutsche, großes Tuch

So geht es:

Die Kinder klettern zur Rutsche hoch. Unten stehen zwei pädagogische Fachkräfte und halten ein Tuch so hoch, dass das Kind „hineinrutschen" kann. Das Kind wird zu Boden gelassen und dann das Tuch wieder hochgenommen. Nacheinander rutschen alle Kinder hinunter. Die Kinder probieren dies auch mit geschlossenen Augen.

Variation:

Anstelle des Tuches wird ein Blatt einer Zeitung von zwei pädagogischen Fachkräften gehalten. Das Kind rutscht die Rutsche herunter und streckt dabei die Arme vor. Die Fachkräfte halten die Zeitung weiter fest, wenn das Kind „hindurchrutscht". Dabei wird die Zeitung zerrissen.

Fähnchen hoch halten

Das brauchen Sie: Rutsche, Chiffontücher

So geht es:

Die Kinder rutschen nacheinander. Dabei hat jedes Kind ein Chiffontuch in der Hand und hält es beim Rutschen so, dass es im „Fahrtwind" flattert.

Variation:

Das Fähnchen wird verlängert, indem ein oder zwei Tücher zusammengeknotet werden.

Den Berg erklimmen

Das brauchen Sie: Rutsche

So geht es:

Die Kinder stellen sich vor der Rutsche auf. Nacheinander laufen die Kinder die Rutsche hinauf und klettern die Leiter wieder herunter.

Auf verschiedene Arten rutschen

Das brauchen Sie: Rutsche

So geht es:

Die Kinder denken sich verschiedene Arten aus, wie sie die Rutsche herunterrutschen können. Die Ideen der Kinder werden aufgegriffen und ausprobiert.

Impulse der pädagogischen Fachkraft könnten sein:

- → Auf dem Po rückwärts rutschen. (Hilfestellung am Ende der Rutsche erforderlich)
- → Auf dem Rücken liegend rutschen, Füße voran.
- → Rutschen und die Arme dabei nach oben strecken.
- → Beim Rutschen über dem Kopf in die Hände klatschen.
- → Zu zweit hintereinander setzen, das hintere Kind umklammert das vordere Kind, beide rutschen gemeinsam.
- → Mit drei Kindern oder mehr in einer Reihe rutschen.
- → Rückwärts kniend rutschen. (Hilfestellung am Ende der Rutsche erforderlich)

Variation:

Auf verschiedenen Materialien rutschen, wie etwa auf einem Stück Pappe oder auf einem Kissen.

Dunkelfahrt

Das brauchen Sie: Rutsche, Augenbinde

So geht es:

Zwei Kinder sind oben auf der Rutsche. Ein Kind setzt sich zum Rutschen in die Startposition. Es bekommt die Augen verbunden. Das andere Kind ist sein persönlicher Helfer oder seine persönliche Helferin. Es ist dafür zuständig, dass dem gerade nicht sehenden Kind nichts passiert. Unten steht die pädagogische Fachkraft, um das rutschende Kind aufzufangen und danach die Augenbinde abzunehmen. Die anderen Kinder verteilen sich zum Sichern neben der Rutsche. Alle zählen gemeinsam bis drei. Dann rutscht das Kind los! Es darf auf keinen Fall angeschoben werden. Es bestimmt immer selber, wann der Zeitpunkt zum Losrutschen ist! Was für ein Gefühl, sich der Herausforderung gestellt zu haben!

Variation:

Dem Kind werden nicht die Augen verbunden, sondern es macht die Augen einfach zu. Im Notfall kann es sie öffnen.

Schnapp das Tuch!

Das brauchen Sie: Rutsche, Chiffontücher

So geht es:

Links und rechts neben der Rutsche stehen Kinder und haben jeweils ein Chiffontuch. Sie halten das Tuch hoch, nahe an der Rutsche. Ein Kind rutscht die Rutsche herunter. Es soll dabei so viele Tücher wie möglich greifen. Mit wie vielen Tüchern kommt das Kind unten an?

Kaffeemühle

Das brauchen Sie: Schaukel

So geht es:

Ein Kind setzt sich auf die Schaukel. Die pädagogische Fachkraft dreht das Kind mit der Schaukel ein. Irgendwann geht es nicht mehr weiter. Sie zählt bis drei und lässt die Schaukel los. Diese dreht sich nun schnell um sich selbst, bis sie wieder in der Ausgangsposition angekommen ist.

Füße kitzeln

Das brauchen Sie: Schaukel

So geht es:

Ein Kind setzt sich auf die Schaukel und zieht sich die Schuhe aus. Es beginnt langsam zu schaukeln. Ein anderes Kind steht daneben und versucht (ggf. mit Unterstützung der pädagogischen Fachkraft), das schaukelnde Kind unter den Füßen zu kitzeln, wenn es diese erwischt. Dabei dürfen die Füße jedoch keinesfalls festgehalten werden. Das schaukelnde Kind darf dabei keine Miene verziehen. Hat es verbotenerweise dreimal gelacht, werden die Rollen getauscht.

Affenschaukel

Das brauchen Sie: Schaukel

So geht es:

Ein Kind setzt sich auf die Schaukel und ein anderes setzt sich verkehrt herum auf seinen Schoß. Beide Kinder müssen sich gut festhalten. Nun gibt ein weiteres Kind ihnen Anschwung. Entweder können die beiden Äffchen dann alleine weiterschaukeln, oder sie bekommen weiteren Anschwung.

Abspringen

Das brauchen Sie: Schaukel, Seile

So geht es:

Ein Kind beginnt. Es schaukelt und springt so weit nach vorne ab, wie es kann. Dort, wo das Kind auf dem Boden gelandet ist, wird ein Seil hingelegt. Nun hat das Kind noch zwei weitere Versuche, sich selber zu überbieten und noch weiter zu springen.

Sandbilder

Das brauchen Sie: Schaukel mit sandigem Untergrund, Stock

Vorbereitung: Der Untergrund unter der Schaukel wird glatt gestrichen.

So geht es:

Das Kind legt sich bäuchlings auf die Schaukel. Es hat einen Stock in der Hand. Nun bekommt es leichten Anschwung und malt sacht schaukelnd mit dem Stock Muster in den Sand. Wenn das Bild fertig ist, ruft es: „Stopp!" Ein Kind hält die Schaukel an und stützt das andere beim Absteigen, so dass es nicht in sein Gemaltes treten muss.

Schuhe schleudern

Das brauchen Sie: Schaukel

So geht es:

Das Kind auf der Schaukel macht die Verschlüsse der Schuhe auf. Es beginnt zu Schaukeln. Irgendwann schleudert es einen Schuh nach vorne. Wo ist er gelandet?

Variation:

Das Kind hält einen platten Ball zwischen den Fußknöcheln. Ein anderes Kind gibt ihm Anschwung. Das Kind schleudert den Ball möglichst weit weg. An welcher Stelle muss der Ball losgelassen werden, damit er besonders weit fliegt?

Flatterbänder

Das brauchen Sie: Schaukel, Chiffontücher

Vorbereitung: Zwei Tücher werden aneinander geknotet.

So geht es:

Das Kind bekommt die zusammengeknoteten Chiffontücher und hält ein Ende in einer Hand. Beim Schaukeln flattern die Tücher im Wind. Das Kind probiert unterschiedliche Möglichkeiten aus, wie die Tücher am Körper oder auch direkt an der Schaukel befestigt werden können, um zu flattern. So können sie beispielsweise am Knöchel festgebunden werden oder am Seil der Schaukel.

Variation:

Das schaukelnde Kind bekommt viele Tücher, die es sowohl an der Schaukel als auch am eigenen Körper befestigen kann. Die Tücher werden so angebracht, dass für das Kind keine Verletzungsgefahr besteht. Wie sieht es aus, wenn das Kind nun zu schaukeln beginnt?

Sprossenwürfeln

Das brauchen Sie: Klettergerüst, Farbwürfel aus Schaumstoff, 1 Tuch (oder Papier) in jeder Farbe

Vorbereitung: Jede Farbe, die auf dem Würfel zu sehen ist, wird an einer Sprosse befestigt.

So geht es:

Die Kinder versammeln sich vor dem Klettergerüst. Ein Kind darf als Erstes würfeln. Schnell klettern die Kinder auf die mit der Farbe gekennzeichnete Sprosse, die gerade gewürfelt wurde. Bei vielen Kindern sollte die Spielregel so sein, dass die jeweilige Sprosse nur berührt werden muss.

Variation:

Es werden zwei Farben hintereinander gewürfelt. Die Kinder merken sich die Farben und nach dem zweiten Würfeln berühren sie erst die zuerst gewürfelte Farbe und anschließend die andere.

Luftballons treffen

Das brauchen Sie: Luftballons, Gummiband und Klebeband, Tennisbälle

Vorbereitung: Die Luftballons werden aufgepustet und verknotet. Sie werden an verschiedenen Stellen auf dem Klettergerüst mit Gummiband und/oder Klebeband befestigt.

So geht es:

Die Kinder werfen nacheinander mit einem Tennisball auf einen Ballon ihrer Wahl. Jedes Kind hat so die Möglichkeit, sich eine den Fähigkeiten entsprechende Herausforderung zu suchen. Auch den Abstand zum Ballon dürfen sie selber entscheiden. Wichtig ist die Spielregel, dass immer nur ein Kind werfen darf, damit die Bälle nicht unkontrolliert in der Gegend herumfliegen und möglicherweise ein anderes Kind verletzen.

Variation:

Statt gängigen Luftballons werden kleinere Ballons mit Wasser gefüllt und fest verknotet. Diese Ballons werden auf die einzelnen Sprossen des Klettergerüstes gelegt und ggf. mit einem Gummiband fixiert. Nun dürfen die Kinder nacheinander versuchen, mit dem Tennisball einen Ballon vom Gerüst zu stoßen. Möglicherweise zerplatzt er dabei.

Zieh ein Geschenk!

Das brauchen Sie: Klettergerüst, kleine Geschenke in Geschenkpapier, Schnur

Vorbereitung: Die Geschenke werden fest verpackt und an eine lange Schnur gebunden. Alle Schnüre werden über eine hohe Sprosse des Klettergerüstes gelegt.

So geht es:

Die pädagogische Fachkraft hält das Ende der Schnüre in einer Hand. Am anderen Ende der Schnur baumeln die kleinen Geschenke von der Klettergerüstsprosse herunter. Jedes Kind darf sich nacheinander ein Schnurende greifen und langsam daran ziehen. So kommt das Geschenk immer näher, bis es das Kind schließlich in den Händen hält.

Hilfe, der Affenjäger kommt!

Das brauchen Sie: Klettergerüst, Kreide oder Seil, um eine Linie auf dem Boden zu markieren

Vorbereitung: Ein paar Meter vor dem Klettergerüst wird eine Linie auf dem Boden markiert.

So geht es:

Die Kinder hocken rund um das Klettergerüst auf dem Boden. Diese Kinder sind die Affen. Sie benehmen sich auch so. Sie können auf dem Boden sitzen, liegen, die Partnerin oder den Partner „entlausen“, hüpfen usw. Ein zuvor ausgewähltes Kind steht hinter der Markierungslinie. Ruft die pädagogische Fachkraft: „Hilfe, der Affenjäger kommt!“, rennt das Kind schnell zu den Affen und versucht, so viele wie möglich zu ticken. Die Affen können sich aber auf das Klettergerüst retten. Sobald kein Körperteil mehr den Boden berührt, sind sie vor dem Jäger geschützt. Gefangene Affen werden in der nächsten Runde auch zum Jäger.

Wer ist hinter dem Vorhang?

Das brauchen Sie: Klettergerüst, Bettlaken

Vorbereitung: Das Bettlaken wird so über das Klettergerüst gehängt, dass es circa 10 Meter über dem Boden schwebt.

So geht es:

Die Kinder werden in zwei Gruppen aufgeteilt. Jede Gruppe steht auf einer Seite des Lakens. Nun wählt jede Gruppe ein Kind (ohne zu sprechen) aus, das sich nah an das Bettlaken stellt. Schnell muss nun die jeweils andere Gruppe erraten, welches Kind auf der anderen Seite steht. In der Regel kennen die Kinder die Schuhe der anderen Kinder und können schnell den Namen rufen. Nur bei Regenwetter – mit Gummistiefeln – wird es schwieriger. Haben beide Gruppen erraten, wessen Füße zu sehen sind, wird ein anderes Kind bestimmt, das sich nah an das Laken stellt und die Füße zeigt.

Bekommen die Kinder nicht heraus, um welches Kind es sich handelt, so darf das Laken etwas angehoben werden. Erkennt jemand diese Hose? Wenn die Kinder auch hier nicht erfolgreich sind, darf sich das Kind einfach hinhocken, so dass es gesehen wird.

Spielideen, die das Wetter mit sich bringt

Kegeln

Das brauchen Sie: leere Plastikflaschen, schweren Ball, Schneeschieber, Schnee

Vorbereitung: Die Plastikflaschen werden mit Schnee gefüllt. Mit dem Schneeschieber wird eine circa 5 Meter lange Bahn geschoben.

So geht es:

Die pädagogische Fachkraft stellt die Kegel am einen Ende der Bahn auf. Genau gegenüber am anderen Ende stellen sich die Kinder hintereinander in einer Reihe auf. Das erste Kind bekommt den Ball. Es rollt ihn so, dass möglichst viele Flaschen getroffen werden und umfallen. Jedes Kind darf den Ball dreimal hintereinander rollen. Danach stellt es die umgekippten Flaschen wieder auf und das nächste Kind ist an der Reihe.

Variation:

Wenn es die Konsistenz des Schnees zulässt, rollen die Kinder eine Schneekugel gegen die Flaschen.

Bunte Schneebilder

Das brauchen Sie: Lebensmittelfarbe, Schnee

So geht es:

Die Kinder ziehen mit den Fingern Linien in den Schnee. In diese Linien wird Lebensmittelfarbe gegeben. Der Schnee verfärbt sich und es entstehen kunterbunte Schneebilder.

Schneeskulpturen

Das brauchen Sie: Schnee

So geht es:

Die Kinder formen aus dem Schnee Skulpturen. Diese können mit Naturmaterialien, die auf dem Außengelände zu finden sind, vervollständigt werden. Neben dem klassischen „Schneemann" können fantasievolle Schneemonster, Meerschweinchen, Schildkröten o. ä. gestaltet werden. Auch das Bauen kleiner Höhlen oder Iglus ist denkbar.

Schlittenhunde unterwegs

Das brauchen Sie: Plastiktüten oder zerschnittene Plastikplanen, Seile

So geht es:

Die Kinder bilden Zweier-Teams. Ein Kind ist der Schlittenhund, das andere Kind ist der Inuit. Der Hund stellt sich vor eine ausgebreitete Plastikplane und bekommt ein Seil um den Bauch. Die beiden Seilenden hält das Inuit-Kind hinter ihm fest. Es setzt sich auf die Plane und auf sein Kommando zieht der Hund das Inuit-Kind auf der Plane durch den Schnee. Anschließend werden die Rollen getauscht.

Variation:

Anstelle von Plastiktüten können auch ausrangierte wasserdichte Jacken verwendet werden. Ein Kind kann das auf der Jacke sitzende Kind am Ärmel durch den Schnee ziehen.

Zielwerfen

Das brauchen Sie: Schnee

So geht es:

Die Kinder formen kleine Schneebälle und suchen sich unbewegliche Ziele, wie beispielsweise einen Baumstamm. Sie werfen die Schneebälle auf die vorher selbst gewählten Ziele. So kommt jedes Kind zu einem Erfolgserlebnis und sucht sich angemessene Herausforderungen.

Variation:

Ein Regenschirm wird aufgespannt und verkehrt herum aufgestellt oder an eine Turnstange bzw. einen Ast gehängt. Nun werfen die Kinder die Schneebälle in den Regenschirm.

Retter in der Not

Das brauchen Sie: Schnee, Spielfiguren

Vorbereitung: Die pädagogische Fachkraft grenzt ein Stück Fläche ab. Sie vergräbt dort Spielfiguren im Schnee. Dabei merkt sie sich die Anzahl der Figuren.

So geht es:

Die Kinder versammeln sich bei der abgegrenzten Fläche Schnee. Die pädagogische Fachkraft erklärt, dass kleine Menschen im Schnee versunken sind. Eine Schneelawine hat sie überrascht. Sie bittet die Kinder um Mithilfe bei der Rettung. Die Kinder graben mit den Händen nach den gesuchten Figuren und bringen sie außer Lebensgefahr. Ist dieselbe Anzahl von Figuren gerettet worden, die zuvor verschüttet wurde?

Schnee-Engel

Das brauchen Sie: eine unberührte Schneefläche

Vorbereitung: Die Kinder ziehen wasserdichte Kleidung an.

So geht es:

Die Kinder suchen sich eine unberührte Fläche im Schnee. Sie legen sich auf den Rücken in den Schnee und breiten die Arme zu den Seiten aus. Nun führen sie die gestreckten Arme auf dem Boden seitlich auf und ab. Anschließend werden die gestreckten Beine ein wenig zur Seite und wieder zurück bewegt. Beim Aufstehen müssen die Kinder aufpassen, dass sie nur auf die Stellen treten, an denen der Schnee schon platt gedrückt ist. Sie betrachten ihren Schnee-Engel, den sie eben mit ihrem Körperabdruck im Schnee geschaffen haben.

Variation:

Die Kinder gestalten andere Schneefiguren. Sie können auch mit Fußabdrücken Muster und Linien machen. Und wie ist es, wenn man in kleinen Kurven mit einem Dreirad durch den Schnee fährt? Welche Spuren macht ein Puppenwagen oder eine kleine Schaufel, die ein Kind durch den Schnee zieht?

Berühre den Schatten

Das brauchen Sie: Sonne

So geht es:

Die Kinder nehmen ihren Schatten auf dem Boden wahr. Sie haben nun die Aufgabe, auf den Schatten eines anderen Kindes zu treten. Gleichzeitig muss jedes Kind aber auch aufpassen, dass niemand auf seinen eigenen Schatten tritt.

Variation:

Ein Kind wird ausgewählt. Es läuft über den Platz und die anderen Kinder versuchen, seinen Schatten zu fangen, indem sie mit dem Fuß drauftreten.

Dunkelwanderung am frühen Morgen

Das brauchen Sie: Dunkelheit, Taschenlampen

So geht es:

Die Dunkelwanderung kann am besten am frühen Morgen im Winter durchgeführt werden. Es sollte noch dunkel sein. Die Hälfte der Kinder bekommt Taschenlampen. Gemeinsam wird „gewandert". Die pädagogische Fachkraft bestimmt den Weg. Die Kinder sollen eng zusammen bleiben. Die Kinder mit den Taschenlampen haben die Aufgabe, den Weg zu leuchten. Die Kinder werden über das Außengelände geführt. Hier und da können kleine Hindernisse eingebaut werden, die es zu bewältigen gilt. So wäre es denkbar, dass alle Kinder nacheinander die Rutsche herunterrutschen oder durch den unebenen Sand gehen. Nach der Hälfte der Zeit übergeben die Kinder die Taschenlampen an die Kinder, die bisher keine hatten. Sie sind jetzt für die Beleuchtung des Rückwegs zuständig.

Der Weihnachtsstern

Das brauchen Sie: Dunkelheit, Windlicht für jedes Kind

Vorbereitung: Jedes Kind gestaltet ein Windlicht. Dafür wird ein ausgewaschenes Marmeladenglas mit bunten Transparentpapierschnippseln beklebt und ein Teelicht hineingestellt.

So geht es:

Früh am Morgen im Winter, wenn es noch dunkel ist, nimmt sich jedes Kind sein Windlicht. Die pädagogische Fachkraft zündet das Teelicht an. Vorsichtig und achtsam gehen die Kinder auf dem Außengelände herum. Abschließend stellen sie alle Lichter als Stern oder auch als Kreis auf und treten ein paar Schritte zurück. Dieses kleine Lichtermeer kann nun bestaunt werden und es bietet sich an, ein paar winterliche oder weihnachtliche Lieder zu singen.

Schattenfiguren erfinden

Das brauchen Sie: Sonne

So geht es:

Die Kinder nehmen ihren Schatten wahr. Durch bestimmte Posen versuchen sie, interessante Figuren darzustellen.

Variation:

Die Kinder entwerfen zu zweit lustige Schattenfiguren.

Den Schatten malen

Das brauchen Sie: Sonne, Kreide

So geht es:

Die Kinder bilden Teams. Ein Kind stellt sich so hin, dass sein Schatten auf dem Boden gut zu sehen und die Silhouette eines Kindes zu erkennen ist. Das andere Kind malt den Schattenumriss mit Kreide nach. Anschließend können die Kinder die Figur mit Kreide bunt anmalen.

Triff den Stein

Das brauchen Sie: Steine, einen großen Stein, Pfütze

So geht es:

Die Kinder stehen mit etwas Abstand vor einer Pfütze. Ein Kind darf den großen Stein in die Pfütze werfen. Nun kann das eigentliche Spiel beginnen. Nacheinander wirft jedes Kind einen kleineren Stein in die Pfütze mit dem Ziel, dass dieser möglichst nah am großen Stein landet.

→ Welcher Stein liegt am Ende am nächsten?
→ Oder kann sogar ein Stein auf dem großen Stein liegen bleiben?

Matschkiste

Das brauchen Sie: Pfütze, Sand, Eimer, kleine Wanne, Schaufeln

Vorbereitung: Sand in eine Wanne füllen.

So geht es:

Die Kinder schöpfen Wasser aus einer Pfütze und kippen es in die Wanne mit dem Sand. Mit den Händen oder mit Schaufeln vermengen sie den Sand mit dem Wasser. So entsteht ein herrlicher Matsch.

Variation:

Mit Figuren, wie z. B. kleinen Dinosauriern, können in der Matschkiste Rollenspiele gespielt werden.

Regenfänger*innen

Das brauchen Sie: Regen, Schälchen, Messbecher

So geht es:

Jedes Kind bekommt ein Schälchen. Im Regen laufen die Kinder mit den Schälchen auf dem Außengelände herum und fangen das Regenwasser damit auf. Nach einiger Zeit ruft die pädagogische Fachkraft alle Kinder mit ihrer Ausbeute zusammen. Jedes Kind schüttet das gesammelte Wasser in den Messbecher. Wie viel Millimeter haben alle Kinder gemeinsam gesammelt?

Regentanz

Das brauchen Sie: Regen

So geht es:

Die Kinder versammeln sich bei Regen im Kreis auf dem Außengelände. Das Wetter ist schlecht? Sicher nicht! Es wird ein gemeinsamer Tanz gestaltet, in dem deutlich wird, wie sehr der Regen zu genießen ist. Jedes Kind denkt sich eine Bewegung aus und die anderen Kinder machen diese nach.

Abschließend werden einige Bewegungen aneinander gehängt und zu einem Tanz verbunden. Haben die Kinder keine Idee, gibt die pädagogische Fachkraft Bewegungsimpulse.

Beispiele:

→ Die Hände zum Himmel strecken, als wollte man dem Regen entgegenkommen.
→ Den Popo nach hinten strecken und mit ihm wackeln, so dass der Regen drauffällt.
→ Schnell von einem Bein auf das andere springen, wie Regentropfen, die auf die Erde prasseln.
→ Das Gesicht in den Regen halten.
→ Versuchen, den Regen mit dem Mund aufzufangen.

Wie tief ist die Pfütze?

Das brauchen Sie: Pfützen, Pappstreifen

So geht es:

Die Kinder bekommen die Aufgabe, die tiefste Pfütze auf dem Außengelände der Kita zu finden. Gemeinsam wird überlegt, wie dies zu messen ist. Vielleicht kommen die Kinder auf die Idee, sich mit dem Fuß hineinzustellen. Dann könnten Markierungen an den Gummistiefeln (z. B. Klebeband) angebracht werden. Möglicherweise kommen sie auch auf die Idee, einen Pappstreifen oder einen Stock als Messlatte einzusetzen.

Was schwimmt und was geht unter?

Das brauchen Sie: verschiedene Naturmaterialien, Gegenstände oder Spielzeuge

So geht es:

Die Kinder versammeln sich um eine Pfütze. Gemeinsam wird erforscht, welche Naturmaterialien oder welche Spielsachen schwimmen und welche untergehen. Dazu bieten sich beispielsweise folgende Dinge an:

- → Blätter
- → Plastikschälchen
- → Stöcke
- → Steine
- → Handschuh
- → Brotdose
- → Papiertaschentuch
- → Schlüssel

Ältere Kinder können die Ergebnisse schriftlich festhalten. Auf einem Papier malen sie auf, welche Dinge schwimmen und auf dem anderen, welche versinken.

Die Feuerwehr ist da!

Das brauchen Sie: Becher, Eimer, eine große Pfütze

So geht es:

Die pädagogische Fachkraft zeigt den Kindern einen Eimer. Sie spielt, dass ein Feuer im Eimer ausgebrochen ist und stellt ihn in einigen Metern Abstand von der Pfütze auf. Jedes Kind bekommt einen Becher. Die Kinder werden zu Feuerwehrleuten und haben die Aufgabe, das Wasser mit Bechern aus der Pfütze in den großen Eimer zu füllen und so das Feuer zu löschen. Ist der Eimer voller Wasser, ist das Feuer gelöscht und die nächste Spielrunde beginnt.

Variation:

Der Eimer mit dem „Feuer" wird an Stellen aufgestellt, die nicht einfach zugänglich sind. So kann er beispielsweise oben auf dem Klettergerüst angebracht werden oder auf einem Schaukelbrett stehen. Es ist eine große Herausforderung für die Kinder, mit den gefüllten Bechern den Weg zu meistern.

Ein gemütliches Regenzelt

Das brauchen Sie: Regen, ein großes Stück reißfeste Plastikfolie (oder Zeltplane bzw. Tarp), ggf. Steine zum Beschweren, Seile, Schnüre

So geht es:

Die Kinder haben die Plane und überlegen gemeinsam, wie ein Regenunterschlupf gebaut werden kann. Die Ideen der Kinder werden ausprobiert. So ist es möglich, dass die Plane zwischen zwei fest installierten Spielgeräten durch ein Seil gespannt wird. Oder die Plane wird über die Reckstange gelegt und die Enden mit Steinen auf dem Boden beschwert.

Ist das Regenzelt fertig, kann es beim nächsten Regenschauer gleich mit einem gemütlichen Picknick getestet werden.

Figuren auf der Wasseroberfläche

Das brauchen Sie: Pfütze mit bewegungslosem Wasser, Stöcke, Sandspielzeug, kleinere Haushaltsgegenstände

So geht es:

Die Kinder halten einen Gegenstand so an die Pfütze oder stellen ihn so in die Pfütze hinein, dass eine Spiegelung auf der Wasseroberfläche sichtbar ist. Die Kinder erproben, wie unterschiedliche Dinge unterschiedliche Spiegelungen hervorbringen. Nach und nach können sie bewusst zwei Gegenstände kombinieren und so arrangieren, dass beispielsweise ein kleines Monster als Spiegelung auf der Pfütze zu sehen ist.

Regengemälde

Das brauchen Sie: Küchenkrepppapier (weiß), wasserlösliche Farben, Pinsel, Wäscheleine, Wäscheklammern, Regen

Vorbereitung: Auf dem Außengelände wird eine Wäscheleine gespannt.

So geht es:

Die Kinder malen mit der wasserlöslichen Farbe ein Bild oder Muster auf das Küchenkrepppapier. Anschließend wird das Kunstwerk auf eine Wäscheleine auf dem Außengelände in den Regen gehängt. Der Regen verändert das Bild, denn die Farben verlaufen. So können bunte Kunstwerke entstehen, von deren Ergebnis der Künstler oder die Künstlerin beim Malen noch gar nichts wusste.

Achtung! Aufgepasst!

Das brauchen Sie: wasserdichte Kleidung für jedes Kind, Pfütze

Vorbereitung: Die Kinder brauchen absolut wasserdichte Kleidung. Sie müssen so angezogen sein, dass beispielsweise kein Wasser in die Gummistiefel laufen kann.

So geht es:

Ein Kind wird als „Hüpfkind" ausgewählt. Alle Kinder gehen oder hüpfen um die Pfütze. Sie singen dabei: „Sehr hübsch laufen wir um die Pfütze. Mit Stiefeln und Hose und Mütze. Wir sind sauber und adrett. Doch einer von uns ist gar nicht nett." In diesem Moment springt das ausgewählte „Hüpfkind" in die Pfütze. Alle anderen springen zur Seite, so dass sie nicht nass werden. Wer hat kein Wasser abbekommen? Für die nächste Runde wird ein neues Hüpfkind bestimmt.

Variation:

Das Hüpfkind wird anfangs nicht festgelegt. Ein Kind darf spontan am Ende der Strophe in die Pfütze hüpfen. Möglicherweise hüpfen mehrere Kinder gleichzeitig. Dann werden sie aber auch durch die anderen nass gespritzt. Möglicherweise hüpft auch kein Kind. Dann beginnt das Spiel von vorne.

Das Gerangel um die Pfütze

Das brauchen Sie: Pfütze

So geht es:

Die Kinder stellen sich um eine Pfütze herum im Kreis auf. Sie halten sich an den Händen. Auf das Kommando der pädagogischen Fachkraft hin haben die Kinder die Aufgabe, sich gegenseitig in die Pfütze zu ziehen und selbst nicht hineinzutreten. Dabei dürfen sie die Handfassung nicht loslassen. Ist jemand in die Pfütze getreten, ist die Spielrunde vorbei und die Kinder stellen sich wieder im Kreis auf. Nach einem kurzen Ausschütteln der Arme sind alle fit für eine nächste Rangelei.

Pfützenspringen

Das brauchen Sie: Pfütze

So geht es:

Die Kinder nehmen nacheinander Anlauf und springen mit beiden Füßen in die Pfütze. Wie springt man, so dass möglichst viel Wasser herausspritzt?

Auf dem Reitplatz

Das brauchen Sie: Pfützen

So geht es:

Die Kinder spielen Pferde. Sie sind bei einem Springturnier. Nach einem kleinen „Warmreiten" um die Pfützen herum geht es los. Sie nehmen nacheinander Anlauf und springen mit beiden Füßen über die Pfützen. Bei vielen Kindern sollte eine Reihenfolge festgelegt werden, damit es keine Zusammenstöße gibt.

Variation:

Neben den Wassergräben aus Pfützen werden weitere Hindernisse aufgebaut, über die die Kinder springen. So kann beispielsweise ein Besenstab über zwei Eimer gelegt oder es können Seile auf den Boden gelegt werden, über die die Kinder springen können.

Regentiere unterwegs

Das brauchen Sie: 2 Paar Gummistiefel pro Kind, Pfützen

So geht es:

Jedes Kind zieht sich auf jede Hand und jeden Fuß jeweils einen Gummistiefel. Auf allen Vieren machen die Kinder nun einen herrlichen Spaziergang durch die Pfützen.

Entenangeln

Das brauchen Sie: Pfütze, kleine, längliche Holzstücke als Enten, Draht, Stab, Klebeband, Schnur

Vorbereitung: Die kleinen länglichen Holzstückchen werden mittig mit einem Draht umwickelt. In der Mitte oben wird eine Schlaufe aus dem Draht gedreht. An den Stock wird eine Schnur gebunden und am Ende der Schnur ein Stück Draht als „Angelhaken" befestigt. Ggf. müssen Schnur bzw. Draht mit Klebeband an den Holzstücken fixiert werden.

So geht es:

Die Enten werden in die Pfütze gesetzt. Die Kinder versammeln sich um die Pfütze. Ein Kind beginnt und bekommt die Angel. Es angelt sich eine Ente. Danach gibt es die Angel einem anderen Kind usw., bis jedes Kind einmal geangelt hat. Abschließend werden die Enten wieder in ihren Teich gesetzt und das Spiel beginnt von vorne.

Variation:

Unter einer Ente wird mit einem wasserfesten Stift eine Markierung angebracht. Die Kinder angeln der Reihe nach eine Ente aus der Pfütze. Wer die Markierung erwischt, hat gewonnen.

Seifenblasen

Das brauchen Sie: 750 g Neutralseife, 500 g Zucker, 40 g Tapetenkleister, heißes und lauwarmes Wasser, Eimer, Rührstab, Draht, Drahtschere

So geht es:

Zunächst stellen die Kinder mithilfe der pädagogischen Fachkraft eine Seifenblasenlauge her. Dafür füllen sie einen Liter heißes Wasser in einen Eimer. Anschließend werden Seife, Zucker und Kleister dazugegeben und im Wasser verrührt. Nun werden weitere vier Liter lauwarmes Wasser dazugegeben und so umgerührt, dass keine Schaumbildung entsteht. Nun muss eine Stunde gewartet werden, bis die Seifenblasenlauge zu benutzen ist.
Während der Wartezeit bauen sich die Kinder mithilfe der pädagogischen Fachkraft einen Draht zum Durchpusten. Dafür wird ein Stück Draht kreisförmig gebogen. An einem Ende sollte ein Stück Draht als Haltegriff überstehen. Auf dem Außengelände tauchen die Kinder nacheinander ihren Drahtkreis in die Seifenblasenlauge. Dann wird der Draht nur noch hochgehalten. Bei starkem Wind reicht es, dass dieser Seifenblasen erzeugt. Ansonsten wird ein wenig nachgeholfen, indem das Kind das Drahtgestell nach vorne bewegt. Je mehr Seifenblasen gemeinsam im Wind tanzen, desto schöner!

Rettet die Ballons

Das brauchen Sie: starken Wind, Luftballons (mind. 2 für jedes Kind), Bettbezug

Vorbereitung: Die Luftballons werden aufgepustet und verknotet. Sie werden in einen Bettbezug gegeben.

So geht es:

Dieses Spiel sollte bei starkem Wind gespielt werden. Die pädagogische Fachkraft stellt sich mit dem Bettbezug voller Ballons auf eine freie Fläche auf dem Außengelände. Schnell hintereinander lässt sie die Ballons frei. Die Kinder haben die Aufgabe, die Ballons zu retten und unbeschadet zurück in den Bettbezug zu legen. Dabei dürfen nur kleinere Kinder die Hände benutzen!

Zeitungslaufen

Das brauchen Sie: Zeitungen in der Anzahl der Kinder

So geht es:

Jedes Kind bekommt eine Zeitung und bewegt sich mit ihr über das Außengelände. Die Ideen der Kinder werden aufgegriffen. Die pädagogische Fachkraft kann bei Bedarf Spielimpulse geben, wie z. B.:

→ Die Kinder halten jeweils ein Zeitungsblatt an den Enden fest hoch über den Kopf und laufen los. Die Zeitung flattert im Wind.
→ Die Kinder halten jeweils ein Zeitungsblatt an den Enden fest hoch über den Kopf und laufen los. Ein anderes Kind läuft hinterher. Irgendwann wird die Zeitung losgelassen. Das hintere Kind muss versuchen, sie zu fangen.
→ Woher weht der Wind? Wie muss ich die Zeitung halten, dass sie im Wind flattert?
→ Die Kinder legen die ausgebreitete Zeitung vor den Bauch und laufen so los, dass sie dort haften bleibt.

Fallschirmspringer*in

Das brauchen Sie: Papiertaschentücher, Fäden (circa 25–35 cm lang), große Perlen, Schere

Vorbereitung: Ein Papiertaschentuch wird an jeder Ecke verknotet. An jeden dieser Knoten wird ein ca. 25 bis 35 cm langer Faden geknotet. Unten werden die Enden der vier Fäden zusammengehalten und durch die Öffnung einer großen Perle gefädelt. Unter der Perle wird ein Knoten gemacht, so dass diese nicht herausrutschen kann. Fertig ist der Fallschirm.

So geht es:

Jedes Kind bekommt einen Fallschirm. Es knüddelt ihn in seiner Hand zusammen und wirft ihn hoch in die Luft. Wie bewegt sich der Fallschirm, bis er den Boden erreicht? Wie muss ich den Fallschirm werfen, damit er wie ein echter Fallschirmspringer oder eine echte Fallschirmspringerin durch den Wind segelt? Die Kinder suchen sich hohe Punkte, von denen sie die Fallschirme aus starten lassen können, wie etwa die Rutsche, oder sie probieren einen Abwurf beim Schaukeln oder ganz oben vom Kletterturm. Und wie ist es mit dem Wind? Hilft der mit?

Bunte Vögel fliegen durch den Wind

Das brauchen Sie: Krepppapier, Schere, Gummibänder

Vorbereitung: Das Krepppapier wird in unterschiedlich lange und circa 15 cm breite Streifen geschnitten.

So geht es:

Die Kinder stecken sich die Krepppapierbänder an ihrer Kleidung fest. Sie können sie beispielsweise hinten in den Hosenbund stecken. Möglich ist es auch, sie mit Gummibändern am Körper zu befestigen, z. B. an den Handgelenken, an den Beinen oder sie sich um den Bauch zu binden. Nun rennen de Kinder los und „fliegen" mit ihren bunten „Federn" über das Außengelände, so dass die Bänder im Wind flattern. Die Kinder können als Klein- oder Großgruppe einen Vogelschwarm bilden, der in den Süden fliegt. Wie fliegen die Vögel? Sie bleiben immer beieinander und haben dasselbe Flugtempo.

Schrei gegen den Wind

Das brauchen Sie: Wind

So geht es:

Die Kinder rennen bei kräftigem Wind über das Außengelände. Sie versuchen herauszufinden, in welche Richtung sie laufen müssen, damit sie im Gegenwind rennen. Dabei lassen sie einen lauten Windschrei los! Denn so ein Sturm kann auch sehr laut sein!

Bunte Frisbeescheiben

Das brauchen Sie: Pappteller, Stifte

Vorbereitung: Jedes Kind bekommt einen Pappteller und malt ihn mit Stiften bunt an.

So geht es:

Die Kinder werfen die Frisbeescheibe auf dem Außengelände durch die Luft. Wie kann ich die Scheibe werfen, so dass sie weit fliegt? Die Kinder erproben verschiedene Wurfmöglichkeiten. Und was passiert, wenn der Wind „mitspielt"? Wie bewegt sich die Frisbeescheibe dann? Und wie bewegt sich die Frisbeescheibe durch den Wind, wenn sie hoch oben vom Klettergerüst geworfen wird?

Variation:

Zwei Kinder haben eine Frisbeescheibe. Ein Kind wirft sie und das andere Kind versucht, sie zu fangen.

Verstecken spielen mit dem Wind

Das brauchen Sie: starken Wind

So geht es:

Spürst du den Wind? Wo spürst du ihn? Wie fühlt er sich an? Können wir ihm entkommen und uns vor ihm verstecken? Die Kinder suchen windgeschützte Orte auf dem Außengelände. Dies kann beispielsweise hinter der Hausecke sein oder hinter einer Mauer. Wer hat ein gutes Versteck vor dem Wind gefunden?

Windspiele in den Bäumen

Das brauchen Sie: Wind, verschieden klingende Materialien, wie z. B. Besteck, Topfdeckel, Bratpfannen oder Glöckchen, Schnur, Schere, Äste/starke Zweige für Windspiel

Vorbereitung: Ggf. Vorauswahl bei den Bestandteilen des Windspieles treffen

So geht es:

Die Kinder bauen Windspiele. Dafür erforschen sie zunächst, welche Materialien interessant klingen, wenn sie gegeneinander gestoßen werden. Hat die pädagogische Fachkraft keine Vorauswahl getroffen, gehen die Kinder durch die Kita und probieren verschiedene Gegenstände aus. Die Kinder versehen jeden Gegenstand mit einem Faden und hängen ihn an einen ausreichend starken Zweig oder Ast. Die Gegenstände sollten so eng angeordnet sein, dass sie sich fast berühren. An diesen Ast wird wiederum ein Faden geknotet. Mithilfe der pädagogischen Fachkraft werden die Schnüre des Astes schließlich an einen Ast am Baum geknotet. Nun muss nur noch gewartet werden, denn der Wind wird das Windspiel zum Klingen bringen. Notfalls dürfen die Kinder Wind erzeugen. Sie können beispielsweise mit einem großen Stück Pappe Luft fächern oder auf Kommando gemeinsam kräftig pusten.

Weitere Spielideen für draußen

Das Riesennetz

Das brauchen Sie: langes Gummiband (sogenannte Zauberschnur), Augenbinden

Vorbereitung: Das Gummiband wird in Brusthöhe der Kinder um verschiedene Spielgeräte auf dem Außengelände gespannt. So kann es beispielsweise an einer Sprosse der Rutschenleiter befestigt, um die Reckstange gewickelt und weiter um einen Balken beim Klettergerüst gespannt werden. Am Ende sollte ein verwundender Weg quer über das Außengelände gespannt sein.

So geht es:

Die Kinder bilden Zweier-Teams. Ein Kind bekommt eine Augenbinde, das andere ist der/die Beschützer*in. Es ist dafür zuständig, zu verhindern, dass das Kind mit der Augenbinde sich verletzt oder vor ein Hindernis läuft bzw. gegen andere Kinder. Das nicht sehende Kind wird zum Anfang der Schnur geführt. Es fasst mit einer Hand die Schnur an. Nun tastet es sich an der Schnur entlang über das Außengelände der Kita. Es können mehrere Kinder gleichzeitig, aber mit genügend Abstand, tastend laufen.

Grashalme würfeln

Das brauchen Sie: einen großen Schaumstoffwürfel

So geht es:

Die Kinder versammeln sich im Kreis. Ein Kind sagt welches Material auf dem Außengelände gesucht werden muss. Dann würfelt es. Alle Kinder laufen schnell los und holen das angesagte Material in der gewürfelten Menge.

Beispiele für Material:

→ Grashalme
→ Gänseblümchen
→ Zweige
→ Blätter
→ Steine

Hier stimmt doch etwas nicht ...

Das brauchen Sie: verschiedene Dinge, die normalerweise nicht auf dem Außengelände zu finden sind, z. B. Bananen, Ananas, Klobürste, Schal, alte Zahnbürsten …

So geht es:

Die Kinder werden in zwei Gruppen eingeteilt. Gruppe 1 geht mit der pädagogischen Fachkraft auf das Außengelände, Gruppe 2 wartet in der Kita. Die pädagogische Fachkraft arrangiert gemeinsam mit den Kindern ungewöhnliche Dinge auf dem Außengelände. Sie bringt den Kindern zur Inspiration ein paar Gegenstände mit und beginnt. Die Ideen der Kinder werden aufgegriffen und umgesetzt.

Beispiele:

→ Bananen werden mit Fäden an den Bäumen befestigt.
→ Eine Ananas wird im Gebüsch drapiert.
→ In einer Ecke steht eine Klobürste.
→ Der Baum bekommt einen Schal um den Stamm gewickelt.
→ Zahnbürsten recken ihre Borsten neben den Blumen im Beet.

Ist das Außengelände präpariert, wird Gruppe 2 herausgeholt. Die Kinder haben nun die Aufgabe, herauszufinden, was verändert wurde. Ob sie alle Dinge entdecken?

Aufgepasst und Stopp!

Das brauchen Sie: Kreide oder Seil zur Markierung

Vorbereitung: Eine Startlinie wird markiert.

So geht es:

Die Kinder stellen sich nebeneinander hinter der Startlinie auf. Auf der gegenüberliegenden Seite des Spielfeldes steht in circa 10 m Entfernung ein ausgewähltes Kind. Es dreht sich auf der Stelle und ruft dabei: „Aufgepasst und Stopp!“ Währenddessen bewegen sich alle Kinder mit dem Ziel auf das Kind zu, es zu berühren. Sagt das Kind „Stopp!", bleibt es stehen und schaut die Kinder an. Nun müssen alle Kinder in ihren Bewegungen einfrieren. Entdeckt das Kind, dass sich jemand weiter bewegt, muss das Kind drei Schritte zurückgehen. Die anderen bleiben stehen. Dann beginnt die zweite Runde. Das Kind dreht sich, sagt seinen Spruch und bei „Stopp!", stoppen wieder alle. Dies wird so lange wiederholt, bis ein Kind das vorne stehende Kind berührt.

Farben finden

So geht es:

Die Kinder versammeln sich auf dem Außengelände um die pädagogische Fachkraft. Diese ruft eine Farbe und daraufhin schwärmen die Kinder aus und berühren in der Umgebung eine Pflanze oder einen Gegenstand, der die genannte Farbe hat. Ein Farbpunkt darf dabei von mehreren Kindern gleichzeitig berührt werden. Ruft die pädagogische Fachkraft beispielsweise „Grün!", laufen die Kinder los und suchen etwas Grünes. Ein Kind hält seine Hand z. B. auf den grünen Rasen. Ein anderes legt die Hand z. B. auf eine grüne Schaufel und wiederum ein anderes legt seine Hand z. B. auf die grüne Mütze eines Kindes. Haben alle die Aufgabe erfüllt, versammeln sich die Kinder wieder und es wird eine neue Farbe gerufen. Das Spiel beginnt von vorne.

Rutsche – Sandkasten – Baum

Das brauchen Sie: Trillerpfeife

So geht es:

Die Kinder laufen auf dem Außengelände umher. Bei einem großen Gelände müsste das Spielfeld eingegrenzt werden – alle Kinder müssen in Hörweite der pädagogischen Fachkraft bleiben. Die pädagogische Fachkraft gibt ein akustisches Signal mit der Trillerpfeife (alternativ ruft sie laut „Achtung!").

Darauf folgt eines der folgenden Kommandos, die die Kinder befolgen sollen.

→ Rutsche: Alle Kinder laufen zur Rutsche und berühren sie mit einer Hand.
→ Sandkasten: Alle Kinder hocken sich dort auf den Boden.
→ Baum: Alle Kinder stellen sich hin und recken die Arme wie Äste eines Baumes.

Wenn alle Kinder der Gruppe die entsprechende Position eingenommen haben, ruft die pädagogische Fachkraft: „Und weiter!" Die Kinder bewegen sich über das Außengelände und horchen, wann das nächste Kommando ertönt.

Variation:

Die Kinder denken sich – entsprechend der Gestaltung des Außengeländes – neue oder weitere Kommandos aus.

Beispiele:
→ Bank: Alle Kinder stellen sich auf die Bank.
→ Sandspielzeug: Alle Kinder schnappen sich einen Eimer, drehen ihn um und setzen sich drauf. Möglicherweise auch auf den Schoß eines anderen Kindes.
→ Mauer: Alle Kinder klettern auf die Mauer und setzen sich drauf.

Lieblingsplätze auf unserem Außengelände

Das brauchen Sie: Fotoapparate

So geht es:

Die Kinder gehen in Kleingruppen mit einer pädagogischen Fachkraft auf dem Außengelände umher. Jedes Kind darf seinen Lieblingsort zeigen. Wo spielst du am liebsten? Wo hältst du dich am liebsten auf? Was tust du dort gerne? Das kann z. B. die große Nestschaukel sein oder auch ein Versteck im Gebüsch. Jedes Kind wird an seinem Lieblingsort auf dem Außengelände fotografiert.

Die Fotos werden später ausgedruckt und präsentiert. Lieblingsorte und Spielvorlieben sind für die pädagogischen Fachkräfte sehr aufschlussreich. Und auch die Kinder lernen möglicherweise schöne Orte kennen, die sie bisher nicht wahrgenommen haben.

Verstecktes Puzzle

Das brauchen Sie: die Teile eines großen Puzzles (bis zu 20 Teile)

Vorbereitung: Die Puzzleteile werden auf dem Außengelände – für die Kinder sichtbar und erreichbar – versteckt.

So geht es:

Die Kinder bekommen die Aufgabe, die einzelnen Puzzleteile zu finden. Diese bringen sie zur pädagogischen Fachkraft. Dort werden sie von den Kindern zusammengesetzt. Sind alle Teile gefunden? Ist das Puzzlebild vollständig? Falls ja, hat die ganze Gruppe gewonnen und großartig zusammengearbeitet.

Im Zoo

Das brauchen Sie: Seile oder Absperrbänder

So geht es:

Welche Tiere gibt es in einem Zoo? Die pädagogische Fachkraft überlegt dies gemeinsam mit den Kindern. Es sollen circa fünf verschiedene Tiere genannt werden. Zum Beispiel: Tiger, Affen, Elefanten, Giraffen und Zebras. Die Kinder suchen sich ein Tier aus, das sie spielen möchten und bauen sich ein Gehege. Beispielsweise legen sie Seile in einem Viereck auf den Boden als Giraffengehege oder sie knoten Absperrband vom Klettergerüst zur Rutsche und dahinter sind die Zebras. Einige Kinder dürfen die Zoobesucher*innen sein. Sie gehen über das Außengelände von Gehege zu Gehege. Vielleicht lässt sich das eine oder andere Tier sogar streicheln? Nach einiger Zeit werden die Rollen gewechselt. Möglicherweise entsteht auch ein Rollenspiel, das die pädagogische Fachkraft unterstützen sollte. Vielleicht brauchen die Kinder Eimer, um die Tiere zu füttern oder eine Decke, auf der sich ein alter, kranker Elefant ausruhen möchte.

Mit dem Knie an die Schaukel

So geht es:

Die Kinder versammeln sich um die pädagogische Fachkraft. Diese ruft ein Spielgerät und ein Körperteil. Die Kinder haben die Aufgabe, schnell zu diesem Spielgerät zu laufen und dieses mit dem genannten Körperteil zu berühren.

Beispiele:

→ Einen Finger an die Reckstange.
→ Ein Knie an die Schaukel.
→ Einen Ellenbogen an die Rutsche.
→ Eine Hand in den Sand.

Doppelgänger*innen gesucht!

Das brauchen Sie: Naturmaterialien wie Steine, Tannenzapfen, Stöcke, Blätter, Kastanien o. ä.; 2 Tücher

Vorbereitung: Es werden drei Naturmaterialien auf das Tuch gelegt.

So geht es:

Die Kinder versammeln sich im Kreis auf dem Außengelände. In der Kreismitte liegt das Tuch mit den drei Naturmaterialien. Die pädagogische Fachkraft stellt jedes Naturmaterial vor bzw. lässt sie es die Kinder vorstellen. Beispiel: Was ist das für ein Blatt? Wie heißt der Baum, an dem das Blatt wächst? Warum ist das Blatt vom Baum gefallen? Jedes Material wird im Kreis herumgegeben, so dass jedes Kind es aus der Nähe betrachten und anfassen kann. Anschließend werden die Materialien wieder auf das Tuch gelegt. Die Kinder haben nun ein wenig Zeit, um sich genau einzuprägen, was auf dem Tuch liegt und wie es genau aussieht. Dann wird ein Tuch darüber gelegt und die Kinder haben die Aufgabe, möglichst genau die Dinge zu finden, die unter dem Tuch sind. Sie sollen am besten genauso aussehen. Die Kinder begeben sich auf das Außengelände und suchen nach den Materialien. Sie bringen ihre Fundstücke zum Kreis. Am Ende wird geguckt, welche der Dinge am ähnlichsten sind oder sogar gleich aussehen. Hat es die Gruppe geschafft, den jeweiligen Zwilling zu finden?

Variation:

Fünf Naturmaterialien werden auf das Tuch gelegt, deren Zwillinge die Kinder suchen.

Im öffentlichen Nahverkehr

Das brauchen Sie: Seile, Kreide, Dreiräder mit Anhängern oder Rollbretter, Stühle/Hocker

Vorbereitung: Die Dreiräder werden mit dem Anhänger versehen, zwei Rollbretter werden mit einem Seil zusammengeknotet.

So geht es:

Die Kinder versammeln sich. Sie planen gemeinsam die Straßen einer Stadt und markieren die Wege. Dafür verwenden sie Seile, die sie aneinanderlegen, so dass eine breite Straße entsteht. Diese sollte so breit sein, dass zwei Dreiräder problemlos aneinander vorbeifahren können. Die Wege können kurvig oder gerade sein. Es können Wendekreise und Kreuzungen gestaltet werden. Wenn es der Untergrund zulässt, können die Begrenzungen auch mit Kreide auf den Boden gemalt werden. An einigen Stellen werden „Bushaltestellen" aufgebaut. Diese können aus Hockern oder Stühlen bestehen. Einige Kinder fahren mit den Dreirädern oder Rollbrettern als Autos oder Busse durch die Straßen. Andere Kinder sind als Fußgänger*innen unterwegs und spielen die Fahrgäste. So lassen sie sich von einer Stelle zur anderen auf dem Außengelände fahren. Nach einiger Zeit, werden die Rollen getauscht. Busfahrer*innen werden zu Fußgänger*innen und umgekehrt. Möglicherweise entstehen fantasiereiche Rollenspiele, die durch weiteres Material ergänzt werden können. Denkbar wären beispielsweise:

→ Die Kinder stellen Fahrkarten her.
→ Die Kinder bauen eine Ampel.
→ Ein Kind verkleidet sich als Kontrolleur*in.
→ Ein Kind verkleidet sich als Verkehrspolizist*in.
→ Die Kinder bauen eine Werkstatt für kaputte Busse und Autos.

Die Elefanten sind los!

Das brauchen Sie: Seil

Vorbereitung: Mit einem Seil wird auf dem Boden ein Elefantengehege markiert.

So geht es:

Aus der Kindergruppe werden (je nach Gruppengröße zwei bis drei) heimliche Tick-Elefanten ausgewählt. Zum Auswählen flüstert die pädagogische Fachkraft jedem Kind ins Ohr: „Du bist ein normaler Elefant!" oder „Du bist der Tick-Elefant!" Sind alle Rollen verteilt, trotten die Kinder wie die Elefanten über das Außengelände. Ruft die pädagogische Fachkraft: „Die Elefanten sind los!", dürfen die heimlichen Tick-Elefanten mit einem lauten „Töröh!" probieren, die anderen Elefanten zu ticken. Diese haben die Aufgabe, sich nicht ticken zu lassen. Wer getickt ist, wird in ein abgegrenztes Elefantengehege gebracht. Welcher Elefant bleibt übrig?

Variation:

Bei jüngeren Kindern wird nicht „verdeckt" gespielt. Die Tick-Elefanten werden gemeinsam bestimmt. Sie wissen also, vor wem sie sich in Acht nehmen müssen, wenn es heißt: „Die Elefanten sind los!"

Die wandelnde Gruppe

Das brauchen Sie: ein langes Gummiband

Vorbereitung: Das Gummiband wird zusammengeknotet.

So geht es:

Das Gummiband wird als Kreis auf den Boden gelegt und alle Kinder stellen sich hinein. Nun wird das Gummiband angehoben, und die äußeren Kinder halten es auf Bauchhöhe fest. Die pädagogische Fachkraft gibt einen Ort vor, zu dem die Kinder nun gemeinsam gehen müssen, z. B. zur Schaukel, zur Rutsche, zur Eingangstür. Ist diese Aufgabe nur wenig herausfordernd, kann die pädagogische Fachkraft zu einem höheren Tempo motivieren.

Variation:

Die Kinder positionieren sich so, dass das Gummiband von selbst gespannt ist und sie es nicht festhalten müssen. Nun bewegen sie sich von einem Ort zum anderen. Das Gummiband muss stets auf Spannung sein und darf nicht auf den Boden rutschen.

Eine Riesenmurmelbahn

Das brauchen Sie: Papprollen (z. B. von Haushaltsrollen oder Papierrollen), Klebeband, Schnur, Schere, große Murmeln

So geht es:

Die Kinder bekommen Papprollen, Klebeband, Schnur, Schere und die Aufgabe, eine möglichst lange Murmelbahn zu bauen. Dafür kleben sie die Papprollen so aneinander, dass ein langer Tunnel entsteht. Nun wird ein geeigneter Ort gesucht, um die Murmelbahn zu befestigen. Beispielsweise wird sie mit Schnüren an einer hohe Sprosse vom Klettergerüst befestigt. Wie muss sie weiter befestigt werden, damit die Murmel einen schönen Weg rollen kann? Wie verlängern wir den Tunnel? An welcher Stelle fällt die Murmel am Ende auf den Boden? Die Kinder probieren verschiedene Möglichkeiten aus, um die optimalen Winkel zu finden. Dafür müssen sie sehr kooperativ zusammenarbeiten.

Wir legen ein Mandala

Das brauchen Sie: Naturmaterialien auf dem Außengelände

So geht es:

Jedes Kind sucht sich zwei bis vier Gegenstände oder Naturmaterialien, die es auf dem Außengelände findet. Die Kinder versammeln sich im Kreis. Ein Kind beginnt und legt seine Materialien in den Kreis. Das nächste Kind legt seine Materialien dazu. Nach diesem Prinzip entsteht Stück für Stück ein großes Mandala.

Wolkenfernsehen

Das brauchen Sie: Decken, einen Himmel, an dem Wolken zu sehen sind

Vorbereitung: Die Decken werden so auf den Boden gelegt, dass die darauf liegenden Kinder einen unverstellten Blick in den Himmel haben.

So geht es:

Jedes Kind sucht sich einen Platz auf der Decke und legt sich in Rückenlage darauf. Die Kinder betrachten in Ruhe die Wolken. Die pädagogische Fachkraft lenkt dann ihre Wahrnehmung durch Fragen: Bewegen sich die Wolken? Bewegen sie sich schnell oder langsam? Welche Formen haben die Wolken? Sind sie groß? Oder klein? Sind sie rund? Was seht ihr? Sie lässt die Kinder berichten. Außerdem werden sie dazu aufgefordert, die Gestalten, Dinge oder Lebewesen zu benennen, die sie in den Formen der Wolken sehen. Ist das ein Schaf da oben? Ja! Mit einer Weihnachtsmannmütze? Nein, Zuckerwatte vom Jahrmarkt ist das! Oder ein Wolkengespenst? Jeder sieht beim „Wolkenfernsehen" andere Figuren.

So klingt es, wenn es still ist

Das brauchen Sie: Decken, Kissen

So geht es:

Die Kinder machen es sich auf dem Außengelände mit Decken und Kissen gemütlich. Die pädagogische Fachkraft bittet sie, die Augen zu schließen. Sie lenkt die Aufmerksamkeit der Kinder durch Fragen auf die akustische Wahrnehmung. Was hört ihr? Welche Geräusche kennt ihr? Welche Geräusche kennt ihr nicht? Welche Geräusche hört ihr gerne? Nach einer Zeit des Lauschens tauschen die Kinder ihre Hörerlebnisse aus.

„Mir nach!"

Das brauchen Sie: Hut

So geht es:

Die Kinder versammeln sich auf dem Außengelände und spazieren umher. Ein Kind hat einen Hut auf. Es überlegt sich, was es gleich machen möchte. Es ruft: „Mir nach!" Alle Kinder laufen zu dem Kind mit dem Hut und machen das nach, was es tut, z. B.:

→ Mit den Fäusten auf die Rutsche trommeln.
→ Dem Wipptier imaginär Futter geben.
→ Schreiend über den Rasenplatz rennen.
→ Durch die Sandkiste krabbeln.

Haben alle Kinder die vorgegebene Bewegungsaufgabe ausgeführt, wird der Hut an ein anderes Kind abgegeben. Nun überlegt dieses sich, was es gleich tun wird und die anderen folgen. Das Spiel ist vorbei, wenn alle Kinder, die Lust hatten, einmal den Hut bekommen haben.

Variation:

Zwei Kinder bilden ein Team und überlegen sich etwas, das sie zu zweit vormachen. Die anderen Kinder bilden Paare und machen das nach. Anschließend ist ein anderes Paar an der Reihe usw.

Ticken

So geht es:

Ein Kind wird als Fänger*in ausgewählt. Alle Kinder laufen auf dem Außengelände herum. Wer vom fangenden Kind getickt wird, setzt oder hockt sich auf den Boden. Ein anderes Kind kann es erlösen, indem es dem sitzenden Kind vorsichtig über den Kopf streichelt.

Das ist mein Baum

So geht es:

Die Kinder bilden Zweier-Teams. Ein Kind ist der Baum. Das andere Kind ist ein Hund. Es ist ein heißer Tag. Die Hunde mögen gerne im Schatten ihres Baumes liegen. Dann werden die Hunde aufgefordert, „Gassi zu gehen". Die Hunde gehen durch den Wald voller Bäume. Ruft die pädagogische Fachkraft: „Sucht euren Baum!", laufen die Hunde schnell bellend zu ihrem Baum und legen sich daneben. Haben alle Kinder ihren Partner oder ihre Partnerin gefunden, gehen die Hunde wieder los – bis zum nächsten Kommando. Nach einigen Durchgängen werden die Rollen getauscht.

Variation:

Wenn die Hunde spazieren gehen, gehen auch die Bäume langsam umher. Nun müssen sich die Hunde schnell orientieren, wo der Baum ist, wenn sie zu ihm wollen.

Die sportliche Schlange

So geht es:

Die Kinder bilden eine lange Schlange, indem sie sich hintereinander aufstellen. Die Schlange setzt sich in Bewegung. Das erste Kind darf nun eine Fortbewegungsart vormachen und alle Kinder machen sie nach. Nach einiger Zeit hält die pädagogische Fachkraft die Schlange an. Das erste Kind stellt sich ganz hinten an und das erste Kind darf nun eine Bewegung vormachen, die die anderen nachmachen. Nach diesem Prinzip bewegt sich die sportliche Schlange über das Außengelände.

Bewegungsmöglichkeiten sind zum Beispiel:

- → auf Zehenspitzen laufen,
- → kleine Mäuseschritte machen,
- → große Elefantenschritte machen,
- → wie ein Pferd galoppieren,
- → mit den Armen rudern,
- → mit dem Popo wackeln.

Dosenlaufen

Das brauchen Sie: große Konservendosen (leer und ausgewaschen), Bohrer, feste Schnüre

Vorbereitung: In jede Dose werden an der Seite gegenüber voneinander zwei Löcher gebohrt. Die Schnur wird durch die Löcher gezogen, so dass sich am Ende eine circa einen Meter lange Schlinge ergibt.

So geht es:

Jedes Kind bekommt ein Paar Dosen. Mit jedem Fuß stellen sich die Kinder auf eine Dose und halten die Schlinge dabei möglichst straff. Nun können sie über das Außengelände spazieren.

Das elektrische Band

Das brauchen Sie: Gummiband (z. B. Hosengummi)

So geht es:

Das Band wird um einen Baum gelegt und die pädagogische Fachkraft hält es am anderen Ende fest. Sie stellt sich so hin, dass es (als Schlinge) circa zwei Meter gespannt ist. Das Gummiband stellt nun ein elektrisches Band dar, das unter Strom steht. Die Kinder stellen sich an einer Seite auf. Zunächst wird das Gummiband ganz nah am Boden gespannt. Die Kinder haben die Aufgabe, über das Band zu kommen, ohne es zu berühren. Nach jeder Runde wird das Band etwas höher geschoben. Wie kommen die Kinder auf die andere Seite, ohne das Band zu berühren? Sie können darüber hinwegsteigen oder auch drunter durchkrabbeln.

Sachensucher*innen

Das brauchen Sie: Tabletts

So geht es:

Die Kinder bilden Kleingruppen. Jede Gruppe bekommt ein Tablett. Die Kinder haben die Aufgabe, bestimmte Dinge auf dem Außengelände zu finden und auf das Tablett zu legen. Während jüngere Kinder zwei Suchaufträge pro Runde bekommen, können sich ältere Kinder um mehr Aufträge kümmern.

Mögliche Aufträge sind beispielsweise:

→ Sucht etwas Krümeliges (z. B. Sand).
→ Sucht etwas Kühles (z. B. einen nassen Stein).
→ Sucht etwas Leichtes (z. B. ein Blatt).
→ Sucht etwas Rundes (z. B. eine Kastanie oder einen Ball).
→ Sucht etwas, das ihr ganz besonders schön findet!
→ Sucht etwas, das ein Tier essen könnte (z. B. Gras).

Parcours

Vorbereitung: Die pädagogische Fachkraft sucht einen möglichen Weg von einer zur anderen Seite auf dem Außengelände aus.

So geht es:

Die Kinder stellen sich an einer Seite des Außengeländes auf. Sie haben die Aufgabe, zur gegenüberliegenden Seite zu kommen – und zwar auf dem direkten Weg. So müssen sie beispielsweise die Rutsche hoch laufen und die Leiter wieder hinabklettern, unter einer Schaukel hindurchkrabbeln, durch die Sandkiste laufen und über die Wippe steigen, bis sie am Ziel angekommen sind.

Spiegellauf

Das brauchen Sie: Handspiegel für jedes Kind

So geht es:

Jedes Kind bekommt einen Spiegel. Es hält den Spiegel über sich und darf beim Spazieren über das Außengelände nur in den Spiegel gucken. Der einfachste Weg wird plötzlich etwas schwieriger.

Wo ist mein Drachenschwanz?

Das brauchen Sie: ein Tuch

So geht es:

Die Kinder stellen sich in einer Reihe auf. Das erste Kind ist der Drachenkopf und das letzte Kind bekommt das Tuch als Schwanz in den Hosenbund gesteckt. Auf das Kommando der pädagogischen Fachkraft hin, versucht der Kopf des Drachen seinen eigenen Schwanz zu ergattern. Aber der Schwanz denkt gar nicht daran, sich fangen zu lassen und möchte das verhindern. Wird der Drache das Spiel gegen sich selber gewinnen, ohne dass er auseinanderbricht?

Spring über das Seil

Das brauchen Sie: langes Seil

So geht es:

Die pädagogische Fachkraft steht auf einer freien Fläche auf dem Außengelände. Auf Wadenhöhe hält sie das Seil und dreht sich so um sich selbst, dass das Seil abhebt und den Boden nicht mehr berührt. Die Kinder stellen sich mit etwas Abstand von der Fachkraft auf und springen über das Seil, wenn es angesaust kommt.

Schatzklau

Das brauchen Sie: „Schatz" (z. B. ein Sandsäckchen), Seil

Vorbereitung: Der Schatz wird auf einen von allen Seiten zugänglichen Platz gelegt, z. B. auf das Schaukelbrett oder eine Bank. Um den Schatz herum wird mit dem Seil ein Kreis markiert.

So geht es:

Es werden zwei oder drei Kinder bestimmt, die als Schatzwächter*innen fungieren. Sie positionieren sich außerhalb des Kreises. Die anderen Kinder verteilen sich auf dem Außengelände. Sie alle haben die Aufgabe, den Schatz zu klauen. Sie schleichen oder rennen zum Schatzort und versuchen, den Schatz zu schnappen. Die Wächter*innen allerdings dürfen sie dabei ticken. Wer getickt ist, darf sich auf den Schatzplatz setzen und den Schatz auf den Schoß nehmen. Das Spiel ist vorbei, wenn der Schatz geklaut wurde oder wenn es keine Schatzräuber*innen mehr gibt.

Variation:

Wer getickt ist, wird selbst zum Wächter oder zur Wächterin.

Die flatternde Plane

Das brauchen Sie: große Plastikplane oder Schwungtuch

So geht es:

→ Die Kinder fassen die Plane am Rand an und spannen sie. Dann lassen sie sie wieder locker. Spielt der Wind nun mit?
→ Die Kinder fassen die Plane am Rand an und bewegen sie langsam und schnell und im gemeinsamen Rhythmus auf und ab.
→ Die Kinder fassen die Plane an einem Ende an und laufen über das Außengelände. Die Plane flattert im Wind.
→ Ein paar Kinder fassen die Plane an einem Ende an und laufen über das Außengelände. Die anderen Kinder laufen hinter ihnen her. Irgendwann wird die Plane losgelassen und die hinterherlaufenden Kinder versuchen, sie zu fangen.

→ Ein paar Kinder fassen die Plane an einem Ende an und laufen über das Außengelände. Die anderen Kinder laufen hinter ihnen her. Dabei versuchen sie, immer mindestens ein Körperteil unter dem „Dach" - also der Plane zu haben.
→ Die Kinder klettern auf einen hohen Punkt, z. B. auf das Klettergerüst, und halten die Plane in den Wind.

Mein Besuch im Park

So geht es:

Die Kinder versammeln sich sitzend um die pädagogische Fachkraft. Sie möchte den Kindern eine Geschichte erzählen. Wenn bestimmte Wörter in dieser Geschichte fallen, haben die Kinder bestimmte Aufgaben.

→ Sonne: Alle Kinder stehen auf und recken die Hände zum Himmel. Sie führen sie im großen Bogen wieder zu den Seiten hinab.
→ Sturm: Alle Kinder rennen zu einem Spielgerät und halten sich daran fest (z. B. an der Rutschstange).
→ Regen: Alle Kinder rennen zur Rutsche und trommeln mit den Fäusten auf das Blech.

Ich ging am Sonntag in den Park. Das war prima, denn die ***Sonne*** *schien so wunderbar. Ich ging zum großen See und besuchte die Enten. Leider hatte ich heute kein Futter für sie dabei. Aber ich winkte ihnen zu und sie begannen zu schnattern. Schön ist es, schnatternde Enten in der* ***Sonne*** *zu sehen. Der See war voll mit Wasser, denn in den letzten Tagen hatte es sehr viel geregnet. Ich war froh, dass der* ***Regen*** *vorbei war. Plötzlich kam etwas Wind auf. Ich schaute zum Himmel. Die Sonne war verschwunden und ein* ***Sturm*** *braute sich zusammen. Schnatternd und aufgeregt flogen die Enten davon. Nun kamen dicke Tropfen vom Himmel. Ein* ***Regen*** *war das, wie ich ihn noch nie zuvor erlebt hatte. Nass werden finde ich nicht schlimm, aber der* ***Sturm*** *machte mir etwas Angst. Ich schrie in den Himmel: „****Sonne****! Komm mal wieder zurück, bitte!" Doch da war nur der* ***Regen****. Und der* ***Sturm****. Und der* ***Regen****. Und der* ***Sturm.*** *Aber da! Die* ***Sonne*** *zeigte sich! Es regnete und stürmte immer weniger. Ich war pudelnass und windzerzaust, aber das machte mir nichts aus. Auch die Enten spürten die* ***Sonne****. Sie kamen zurückgeflogen. Ich winkte ihnen wieder zu und ging vergnügt nach Hause.*